影响力大师
如何调动团队力量
（原书第2版）

[美]
约瑟夫·格雷尼（Joseph Grenny）
科里·帕特森（Kerry Patterson）
戴维·马克斯菲尔德（David Maxfield） 著
罗恩·麦克米兰（Ron McMillan）
艾尔·史威茨勒（Al Switzler）

毕崇毅 译　闪燕 审校

机械工业出版社
CHINA MACHINE PRESS

图书在版编目（CIP）数据

影响力大师：如何调动团队力量（原书第2版）/（美）约瑟夫·格雷尼（Joseph Grenny）等著；毕崇毅译.—北京：机械工业出版社，2018.5（2025.6重印）

书名原文：Influencer：The New Science of Leading Change

ISBN 978-7-111-59745-2

I. 影… II. ①约… ②毕… III. 企业领导学 IV. F272.91

中国版本图书馆CIP数据核字（2018）第071679号

北京市版权局著作权合同登记　图字：01-2013-4819号。

Joseph Grenny, Kerry Patterson, David Maxfield, Ron McMillan, Al Switzler. Influencer: The New Science of Leading Change, 2nd Edition.

ISBN 978-0-07-180886-6

Copyright © 2013 by VitalSmarts, LLC.

All Rights reserved. No part of this publication may be reproduced or transmitted in any form or by any means, electronic or mechanical, including without limitation photocopying, recording, taping, or any database, information or retrieval system, without the prior written permission of the publisher.

This authorized Chinese translation edition is published by China Machine Press in arrangement with McGraw-Hill Education (Singapore) Pte. Ltd. This edition is authorized for sale in the Chinese mainland (excluding Hong Kong SAR, Macao SAR and Taiwan).

Translation Copyright © 2023 by McGraw-Hill Education (Singapore) Pte. Ltd and China Machine Press.

版权所有。未经出版人事先书面许可，对本出版物的任何部分不得以任何方式或途径复制传播，包括但不限于复印、录制、录音，或通过任何数据库、信息或可检索的系统。

此中文简体翻译版本经授权仅限在中国大陆地区（不包括香港、澳门特别行政区和台湾地区）销售。

翻译版权 © 2023 由麦格劳-希尔教育（新加坡）有限公司与机械工业出版社所有。

本书封面贴有McGraw-Hill Education公司防伪标签，无标签者不得销售。

影响力大师：如何调动团队力量（原书第2版）

出版发行：机械工业出版社（北京市西城区百万庄大街22号　邮政编码：100037）	
责任编辑：程　琨	责任校对：李秋荣
印　　刷：固安县铭成印刷有限公司	版　　次：2025年6月第1版第19次印刷
开　　本：170mm×230mm　1/16	印　　张：15.5
书　　号：ISBN 978-7-111-59745-2	定　　价：59.00元

客服电话：（010）88361066　68326294

版权所有·侵权必究
封底无防伪标均为盗版

谨以此书献给世界各地的影响者

这些坚定的领导者不但指导人们如何做出改变，

而且为我们每一个人带来了希望和动力。

为了让这个世界变得更加美好，

他们不断地增强自己的影响力。

| 推荐序 |
INFLUENCER

成为驾驭变革的影响者

变,而且要快变

近一两年,由于商业环境的变化和商业模式的革新,中国各行业(尤其是传统行业)企业家的生存神经被深深地触动了。于是,用互联网思维卖手机的雷军与传统白电企业格力的董明珠设下赌局;千亿规模的万科开始尝试用互联网思维卖房;俞敏洪喊出"宁可死在改革的路上,也不死在成功的基因里"的口号。

各家企业开始意识到自己不仅要变,而且要快变,也就是快速推动变革,才能适应商业环境的变化。但同时从人性方面来讲,人们会本能地抵制变革,因为变革意味着风险。因此,可想而知,在企业中推动变革,尤其是快速变革的难度有多大。

想要推动变革落地,企业需要影响的是内部的每一个人,而不是一两个人。因此,几乎所有的企业都会面临一个非常现实的问题:"怎样才能尽快地推动变革落地,取得实质性的效果?"

本书会给大家全面的答案，帮助大家成为驾驭变革的影响者。在此，我把自己对本书一些关键点的理解分享给大家。

变革要落实到员工的行为改变上

想要让企业的变革有实质性的进展，能够真正落地，我们必须关注员工的行为改变。只有落实到员工的行为改变上，变革才算是落地了。美国著名的变革管理大师约翰·科特指出："在进行大规模变革的时候，企业面临的最核心的问题绝对不是战略、结构、文化或系统。问题的核心在于如何改变组织当中人们的行为。"

举个简单的例子，我们在企业内部推动"勤俭节约"的新风尚，那怎么才算是把这个改变落地了呢？一定是这种"勤俭节约"通过员工的行为改变体现出来。例如，原来员工都是用单面纸打印资料，现在改变了行为，变成双面打印；原来员工经常忘了在开完会后关闭投影仪和灯，现在很自觉地关掉它们。这样才算是把"勤俭节约"真正落地实现了。

因此，当我们要推动变革时，想要让变革能够实质性推进，就要考虑如何把变革落实到大家的行为改变上。

通过关键行为巧妙撬动变革

在推进变革时，我们应该聚焦于找出那些对于变革的推进有重大积极影响的关键行为，而不要期望改变人们的很多行为。为什么我们不应该期望改变人们的很多行为呢？因为变革本身会给人们带来一种不确定感，再要求人们改变很多行为，会让其更加无所适从。如果要求人们改变很多行为，那么很有可能需要员工在能力上有全面的改善。这就需要组织提供很多的培训，对于企业来说是巨大的负担。没有这些培训，人们改变行为就很困难，所以从一开始员工就会感到巨大的压力，产生挫败感，就更不会积极地参与变革了。

就拿某大型航空公司改善乘客满意度的项目为例。因为空乘是与乘客直接接触的服务一线，所以为了改善乘客满意度，公司高层对空乘提出了为乘客提供各种服务的要求，要求空乘在多个方面做出行为改变。结果实行了一段时间后，引得大家怨声载道，服务水平没有提高反而下降了。公司通过调查才发现，由于对空乘提出了太多的服务要求，同时遇到了飞行旺季，空乘根本没有时间参加相关的培训，而且太多的要求让空乘根本无所适从、轻重不分，进而导致了服务水平的下降。所以，作为变革的推动者，我们不能太过理想化，希望员工改变很多行为，而是应该聚焦于对推动变革有积极影响的少数关键行为。

什么是关键行为呢？就是那些能对变革产生"事半功倍"效果的行为，符合大家都知道的"二八定律"。在我们的变革中，往往有少数的关键行为，只要员工能做到，就会对推进变革产生巨大的影响。推进关键行为改变的好处在于，少数的关键行为不但能让员工将精力聚焦，不会无所适从，同时能降低能力提升的难度，也不会让企业摊大饼式地投入资源却不见效果。例如，医院降低患者间交叉感染的一项关键行为就是每查完一间病房后，查房的医生都要洗手，然后再去查下一间病房。如果能将洗手这项关键行为落地，就能大大降低患者的交叉感染。

再举一个企业的例子，我曾参与国内某大型家电企业的员工敬业度提升项目。通过调查和研究发现，想要提升员工的敬业度，作为员工的直接上司需要做一项关键行为，就是及时对员工的工作给予反馈和辅导。如果能帮助员工的直接上司及时对员工进行反馈和辅导，就能大大地提升员工的敬业度。

所以，当我们想推动变革时，首先要识别和聚焦于对变革的推进有重大积极影响的关键行为。

全面分析对变革造成阻碍的原因

当我们识别出关键行为之后，我们要做的工作就是分析为什么这些人不去做这些关键行为。为了让大家更好地理解，我们利用医院中医生洗手的关键行为来分析。每次查完一间病房后，医生要洗手，这项关键行为是多么简单，但是在很多医院却得不到落实，这大大出乎院方的意料。当我问你为什么这些医生不洗手时，你第一个想到的原因是什么？你第一个想到的原因很可能是这些医生太懒、不负责任。如果你这么想，你就落入了"基本归因错误"的陷阱。基本归因错误是心理学很有名的一个现象，就是我们往往会将一件事情失败的原因归结为是当事人的态度或品质的不当，进而导致了事情的失败。但实际的原因可能要比你归结的原因复杂得多。人们为什么不做关键行为，可能会受到六个方面的影响。心理学家通过研究发现，人们做不做某项行为，是由"动力"（愿意不愿意）和"能力"（能不能做到）两个方面决定的。"动力"和"能力"又受到"个人"（就是当事人自己）、"社会"（和当事人相关的其他人）和"系统"（非人的因素）的影响，于是就有了这个六大方面的矩阵。也就是说，我们的变革推进不下去是因为受到以下六大方面的阻力。

第一，个人动力方面的阻力。个人动力主要是指当事人的意愿。人从本能上是排斥变革的，因为变革意味着风险和犯错，会付出代价。所以我们提出一项变革时，往往就面临着个人动力方面的阻力。

第二，个人能力方面的阻力。个人能力主要是指当事人有没有能力做出改变。我们提出变革，尤其是提出要人们改变行为时，往往需要人们去学习新的技能。有的时候这些技能比较复杂、难度高，人们在能力方面就会遇到阻力，他们需要花时间去掌握新技能。

第三，社会动力方面的阻力。社会动力主要是指跟当事人相关的其他人对当事人的意愿进行影响。我们大家肯定都有这样的体验，对于某项政策，从你个人来说可能是可以接受的，但是当周围很多人反对，尤其是一些权力、影响力比你大的人也反对时，你也就不会站出来支持某项政策了。也就是说，你的个人动力被他人影响了，你也会随大流，不敢做一只"出头鸟"了。

第四，社会能力方面的阻力。社会能力主要是指跟当事人相关的其他人帮助不帮助当事人实现改变。企业中的很多工作都是需要协作完成的，所以很多时候没有别人的帮助，你无法完全凭自己的能力完成工作。比如，你需要一些很关键的数据，但是这些数据要从一个很复杂的软件系统中生成，需要操作软件的同事帮忙才能完成。但是这个部门的同事根本不愿意帮你生成数据，导致你无法完成工作。

第五，系统动力方面的阻力。系统动力主要是指非人的因素对于当事人意愿的影响，主要表现为激励手段、绩效考核等。比如，企业开始倡导跨部门的积极协作，但是在KPI和绩效考核中却只设定每个部门独立的指标，而且这些指标都是需要付出很大的努力才能实现的。可能人们也想合作，但是自己部门的指标已经把大家搞得筋疲力尽了，谁还有精力去帮别的部门呢？

第六，系统能力方面的阻力。系统能力主要是指外在环境对于当事人实现改变能力的影响。比如，某企业需要两个部门之间非常紧密的合作，却安排两个部门分别在两个城市办公，双方只能通过电话和电子邮件来沟通，效率往往非常低。

所以，我们需要全面地分析人们不能改变的原因，才能制定出更加有效和有针对性的策略来对症下药地推进变革。如果我们只是将原因归结为个人动力方面的问题,就很有可能无法对症下药,忽略了其他原因。结果就是我们花了很大的精力却收效甚微,导致变革失败。

综合制定推进变革落地的策略

当我们从六大方面全面地分析出变革的阻力时,我们就可以更加有针对性地制定出相关的策略了。

第一,个人动力方面。制定针对个人动力策略的关键在于,我们需要激发人们对于变革的认同,激发大家内心的动力。如何才能激发大家的动力呢?一定要想办法把变革的原因与大家认为最有价值的事情联系起来。

第二,个人能力方面。制定针对个人能力策略的关键在于,提供针对性的培训和训练。我们需要为大家提供针对关键行为的培训,帮助大家具备实现行为改变的能力。

第三,社会动力方面。制定针对社会动力策略的关键在于,借助他人的影响力来激发员工的动力。我们需要找到那些有影响力的意见领袖,帮助我们激发大家的动力。

第四,社会能力方面。制定针对社会能力策略的关键在于,找到那些能给大家提供能力支持的专家。这些专家也许不擅长激发大家的动力,但是必须是在专业领域能够给大家提供帮助的人。

第五,系统动力方面。制定针对系统动力策略的关键在于,要将激励与关键行为关联。我们需要制定激励关键行为的激励制度,这样才能让指挥棒指向正确的方向。

第六,系统能力方面。制定针对系统能力策略的关键在于,利用好环境因素,优化流程并提供有力的工具,就像中国的古训"工欲善其事,必先利其器"

一样。

全球著名的变革咨询公司 Crucial Learning 公司经过调查发现，如果我们可以采用四种或四种以上的策略，我们往往会将效果提升十倍，让变革取得更大的成功。所以，我们需要从六大方面综合去制定策略，帮助我们提升变革的成功率。

作为"影响者"课程（《影响力大师》配套课程）的讲师，我们已经帮助国内的很多企业利用影响者的理念和方法有效地推动了变革。例如，帮助某大型医疗设备企业推动其售后部门做服务营销转型，帮助某大型制造企业推动产品质量的进一步提升，帮助某大型IT企业进行文化变革等。作为这一方法的见证者，我特别希望这套方法能够被更多的中国企业采用，使其成为驾驭变革的影响者，从而在快速变革的过程中，抓住机遇，获得更大的发展。

王明伟 "影响者"（《影响力大师》）课程资深讲师
著有《积极达成：处理好情绪再处理问题》

致 谢
INFLUENCER

在我们多年的研究、教学、实验和学习的过程中有很多人提供过热心的帮助,对此我们深表感谢。

首先要感谢的是家人对我们的深刻影响,感谢你们用爱和支持改变了我们,启发了我们,激励了我们。无论我们在外忙碌,还是在家中终日写作,是你们的付出和耐心造就了我们的成功。

其次要感谢的是 Crucial Learning 公司的同事、伙伴和团队成员,感谢你们提供的各种形式的帮助,如参与项目,服务顾客,实施培训,以及用关爱、忠诚和能力彼此支持。我们要向每个人表示感谢,但在这里只能列出个别代表,我们要特别感谢的是 James Allred、Terry Brown、Mike Carter、Jeff Gibbs、Jeff Johnson、Lance Garvin、Justin Hale、Emily Hoffman、Todd King、Brittney Maxfield、Mary McChesney、John Minert、David Nelson、Stacy Nelson、Rich Rusick、Andy Shimberg、Joanne Staheli、Yan Wang、Steve Willis、Mike Wilson、Paul Yoachum 和 Rob Youngberg。

接下来要感谢的是 Bob Foote、Chase McMillan 和 Mindy Waite,感谢你们出色的编辑工作、对细节的高度关注以及提供的深刻见解。

此外,我们还要感谢来自世界各地的朋友和合作伙伴,感谢你们把书中的内容转化成引导变革的实际行动，与你们合作总是能带给我们新的启发。

感谢以下来自美国的成功影响者：Doug Finton、Ilayne Geller、Tamara Kerr、Jim Mahan、Jim Munoa、Kurt Southam、Larry Peters、Margie Mauldin、Mike Quinlan、Murray Low、Neil Staker、Paul McMurray、Richard Lee、Shirley Poertner 和 Simon Lia。

最后，我们要感谢来自世界各地的合作伙伴和朋友：澳大利亚的 Geoff Flemming 和 Grant Donovan、巴西的 Josmar Arrais、中国的 Jenny Xu、埃及的 Hisham El Bakry、法国的 Cathia Birac 和 Dagmar Doring、印度的 Yogesh Sood、印度尼西亚的 Nugroho Supangat、意大利的 Giovanni Verrecchia、马来西亚的 V. Sitham、荷兰的 Sander van Eijnsbergen 和 Willeke Kremer、波兰的 Marek Choim、新加坡的 James Chan、南非的 Helene Vermaak 和 Jay Owens、韩国的 Ken Gimm、瑞士的 Arturo Nicora、泰国的 TP Lim、英国的 Grahame Robb 和 Richard Pound。

| 目 录 |
INFLUENCER

推荐序　成为驾驭变革的影响者
致谢

| 第一部分 |

领导变革的新科学

第1章　**领导力即影响力**　2

领导力的实现需要改变人们的行为，影响者即那些懂得如何创造快速、深刻和可持续性行为改变的管理者。

第2章　**实现影响力的三个核心要素**　9

影响者在三个方面做得比常人好：他们更清楚要实现的目标以及如何进行衡量；他们聚焦在少数可实现结果的关键行为上；他们利用六种影响力来源激励和保证关键行为的实现，进而促成变革。

第3章　**发现关键行为**　26

并非所有时刻都同等重要。影响者注重的是帮助人们在关键时刻改变那些少数具有高杠杆作用的关键行为。

| 第二部分 |

利用六种影响力来源

第4章 帮助人们喜欢讨厌的事物：个人动力 55

利用直接经验和间接故事提示因果地图，影响者可以帮助人们改变对关键行为的看法。

第5章 帮助人们做到无法做到之事：个人能力 81

实现新的行为需要具备新的技巧，开发个人能力可以帮助人们学习掌握行为技巧和管理情绪。

第6章 提供鼓励：社会动力 104

利用管理者和意见领袖鼓励关键行为的方式管理社会影响力。

第7章 提供支持：社会能力 133

在关键时刻改变行为方式时，人们不仅需要鼓励，通常还需要帮助。

第8章 经济刺激：系统动力 157

审慎明智地奖励成功表现，不要轻易地做出处罚。注意激励手段是个人动力和社会动力之后的第三种选择。

第 9 章　**环境刺激：系统能力**　179
　　　　改变人们身边的环境，鼓励良好行为，抵制不良行为。

第 10 章　**成为影响者**　208
　　　　影响力不是偶然出现的，需要经过认真分析和耐心尝试，然后在三个核心要素下成功塑造。

作者简介　218

Crucial Learning 公司简介　220

参考文献　221

| 第一部分 |

INFLUENCER

领导变革的
新科学

| 第 1 章 |

领导力即影响力

虽然不知道怎样改变别人，但是我想改变的人有很多。

——大卫·赛德瑞斯

跟之前在世界其他地区的危险经历相比，我们这次要做的影响者调查简直像是一次旅行，没有致命的寄生虫，不用面对缠人的乞丐，不用担心被绑架，更不用和腐败的官员争得面红耳赤。

这一次，我们要在纽约调查一家全市最好的餐厅。麻烦的是，我们要一边享受美酒一边和老板聊天（这活儿可不容易）。这些工作只有一个目的，即了解为什么有些人具备与众不同的能力，可以轻松地影响他人的行为。

今天我们要关注的对象叫丹尼·麦耶[1]。由于培育了独特的客服文化，丹尼是一位成功的影响者。他经营的每一家餐厅都在顾客好评榜前 40 名之列。实际上，这些餐厅自从开业以来一直都备受人们喜爱。我们很快就发现了其中的原因。丹尼的成功是因为他有能力影响手下 1 500 位普通职员，让他们持之以恒地为每天光顾的 10 万多位顾客创造非凡的体验。老实说，"非凡"这个词都不足以描述他们的做法。

举个例子，有一天在位于曼哈顿某区丹尼的一家餐厅门口，一位女性顾客匆匆走了进来，神情很是不安。原来，这位来就餐的女士刚刚发现把钱包落在了出租车上。这下子不但钱包凶多吉少，餐费都没了着落，就算打车回去，身上也没现金了。这可怎么办呢？

就在这时，丹尼餐厅的好客精神开始闪现了。一位员工（我们暂且称他为卡罗）留意到女士的表情，了解情况之后，请她加入了宴席，这时已经有一桌人在等她了。

卡罗安慰道："钱的事不用担心，可以以后再付，先好好吃个饭。对了，你的手机号码是多少？"

卡罗估计这位粗心的顾客把手机也忘在车上了，于是让同事不停地拨打她的号码。差不多半小时后，那位司机终于接通了电话，此时出租车已经跑到了纽约北部的布朗克斯区。接下来，卡罗开始召唤"蝙蝠侠"出手相助了。

好吧，"蝙蝠侠"这一段可以略过，不过卡罗的做法确实很仗义。他和出租车司机约好在返程的半路见面，为司机支付了空驶费，取回钱包，然后赶在那位女士刚刚吃完饭时将其递到对方手中。后面的结局不难想象，这位女士激动得千恩万谢，甚至发誓要给未来的孩子起名叫卡罗。

这件小事其实不足为奇，但令人惊讶的是类似的情况在丹尼的每家餐厅每天都会上演。要说丹尼也并不特别，他招聘的员工跟别人一样，从事的行业也一样，每天采购同样的原料，像全纽约两万多家餐厅老板一样开张经营。但是，他却有一种别人并不具备的能力——影响力。他手下员工的工作方式和其他餐厅的员工完全不同。更重要的是，这种不同显然不是一时的运气使然，而是丹尼系统和有意识地影响员工特定的行为所产生的结果。

所以我们才来到纽约，了解丹尼是怎样成为影响者的。

寻找普遍规律

首先要明确的一点是，本书讨论的内容绝非客户服务。同样，我们会在后面谈到旧金山的一位女性，在她的帮助下成千上万的罪犯脱胎换骨重新做人，我们研究的也绝非犯罪心理学。我们研究了很多成功的行为改变，如实施六西格玛，克服毒瘾，根除流行病，改善患者安全，减少家暴，提高员工参与度，让学校重新焕发生机等，但我们的关注点也绝非这些具体的课题。

我们要寻找的是造就成功领导者的普遍规律，无论他们奋斗的目标或所处的环境是怎样的。我们要探索的是一套能够带来快速、深刻和持久改变的普遍原则与技能。这种能够引发人类行为改变的能力即影响力，而具备这种能力的人即影响者。我们认为，真正的领导者就是那些有能力影响他人的行为从而实现重要目标的人。

听到"影响力"这个词，也许你脑中浮现出的是有些让人怀疑的手段"游说"。你错了，本书的目的绝不是利用各种花言巧语解决问题。如果你想巧舌如簧地说服别人从而达到某个目的，那么本书肯定不适合你。

我们在本书中确定的目标更为高远和持久，需要更加强效的工具。它研究的是如何通过改变那些难以改变的人类行为，从而令微小的家庭到巨大的核电站都能在各个方面实现更加深刻和成功的结果。我们要探究人类的行为原因以及怎样改变这些行为。我们的分析表明，无论你的目标是阻止艾滋病蔓延，还是启动安全项目，成功的关键和鼓舞士气的讲话、贿赂舞弊的做法以及长篇大论的说教毫无关系。真正的秘诀在于，你是否有能力对少数关键行为系统化地实现快速、深刻和可持续性改变。

比如，你是一家软件开发公司的经理，手下有几十名程序员，每周要完成十几万行代码。由于产品非常复杂，软件开发任务要分给几个团队共同完成。面对长期的开发进度滞后和层出不穷的错误，你意识到要保证持续的高质量开发必须让员工做到以下两点。

（1）遇到问题马上提出。

（2）任务无法按期完成马上上报。

持续做到这两点，软件开发才能杜绝错误和保证进度，反之，情况只会越来越糟糕。这表明只要你能影响员工在这两个方面做出改变，整个局面就会转危为安。

但事情没有这么简单，你的员工（假定都是正常人）多半死也不肯接受这些规定，因为傻瓜才会承认自己在工作中遇到了问题。只有那些傻瓜才会说："啊，怎么办？我遇到问题了！"就算你在办公室张贴了规定，给员工做了培训，甚至为主动承认问题的人提供车位——人家还是不干。

遇到这种问题，影响者就能处理得很好，让每个程序员一遇到问题或进度滞后就马上上报。来自密歇根州门罗创新公司的里奇·谢里丹[2]就是这样的影响者，他的程序员每次都能按时完成软件开发，他们甚至非常热爱这项工作。那么里奇是怎样做到让员工既开心工作，又忠于职责的呢？秘诀和丹尼一样，也是利用同样的原则对员工产生影响。

在本书中，我们会详细介绍里奇、丹尼以及其他影响者影响人类行为的策略，以200多页的篇幅介绍他们掌握的知识和技巧。用一句简单的话说明他们成功的原因：他们不但视自己为老板、经理或管理者，更重要的是他们把自己视为全职的影响者。我们甚至可以说，这是他们对自己的定位和特征描述。跟他们交流你会发现，他们时刻都在思考能否帮助别人以前所未有的高效方式展开行动。他们思考、讨论和实践的都是如何影响行为举动，因此才会在别人长期犯错的领域实现重大变革。

和里奇或丹尼不同，你可能不是软件开发经理或餐厅老板，不过同样要面对难以逾越的行为障碍，同样有希望实现的远大目标。或许你的目标是帮助三次戒毒归来的儿子摆脱毒瘾。不幸的是，之前的努力都失败了，这时你需要的是影响力。或许你的公司从来都是按时按点交货，但你想帮助它成为行业第一。或许你所在的高中退学率高得惊人，你的目标是帮助学生读完高中，考上大学。总之，你要做到最好。

缺乏影响力

幸运的是，多了解影响力是一件好事。学习如何激励和帮助别人改变其行为，也许是人们可以习得的最为重要的技能了。这个过程既吸引人又折磨人。困扰我们的最大问题不是对技术、理论、思想或数据的需要（我们已经有太多了），而是对改变人类行为的能力的需要。[3] 关于这项具体技能，如今的需求远远大于供给。

鉴于大家都了解改变他人行为的重要性和成果的不持续性，你可能认为每个邻家烧烤宴会或同事聚会上都会有影响力大师。你甚至会认为我们对这个话题过于操心，以至于孩子们会到处搜集印有世界影响力大师头像的卡片互相交换为乐。这种研究和热情的结果是，我们一天到晚说着别人听不懂的话，树立起一个个大师或典范，掌握着帮助和鼓励他人改变自身行为的专业能力。

显然，这些理解都是错误的。充其量，我们只是对影响力浅尝辄止。我们会不时参加一下有关的研讨会，但不会专门研究这个课题，而且我们也不善于帮助别人做出改变。和丹尼、里奇以及后面要介绍的其他影响者不同，我们大多数人都不善于描述影响他人的个人理论。我们不会自视为影响者，基本上也没有成功影响他人做出行为改变的经验。

例如，你上一次在公司看到改变员工行为的尝试是什么时候？注意我说的改变是重大改变，不是发件T恤衫或水杯笼络人心的小伎俩。我想很多人的回答可能都是"想不起来了"。我们对过去30年有关企业变化的资料做了回顾，发现只有不到1/8的公司做过变革尝试，但其结果也多半牢骚满腹、不尽如人意。

说到行为改变，家庭方面的情况也不容乐观。[4]例如，每年我们花费数百万美元减肥节食但收效甚微，只有不到10%的人能成功改变胡乱花钱、健身不足和其他不良生活习惯。

社区事务也好不到哪里去，2/3的罪犯离开监狱后，不到三年就继续作案，甚至在犯罪道路上变本加厉、越走越远。遏制艾滋病和其他疾病的传播需要全人类的合作才能成功，但每年仍有数百万人感染。其原因是人类不善于合作，这种情况从未得到好转。

所有这些失败的影响活动和未能实现的人类理想，最后让我们大多数人失去了耐心。我们的疑问是，为什么人们不做应当做的事？为什么我无法改变别人的行为？最终我们决定放弃，这就像散文家大卫·赛德瑞斯所描述的那样："虽然不知道怎样改变别人，但是我想改变的人有很多。"

实际上，影响者的确是存在的。

寻找影响者

前面关于丹尼和里奇的介绍已经给了大家一些提示，即我们研究的是如何影响人类的行为。具体而言，我们研究的是那些能够成功做到这一点的人。实际上，我们的研究最初不是从具体目标开始的。和大多数研究者一样，我们首先从阅读资料开始。我们的研究团队详细阅读了17 000多篇文章和作品，寻找具备不同影响力的学者和人物。从他们当中我们找到了能够以不可思议的方式成功实现快速、深远和可持续变革的个体。然后，我们要做的是找到这些个体，并密切观察他们的工作方式。

例如，通过影响6 000万名泰国同胞的行为，威瓦特这样一个小人物拯救了500万人，使他们免于感染艾滋病；爱迪娜·瑞德就职的学校每次都在区阅读理解考试中排名垫底,她用了不到 1 年的时间让学校变成了冠军;玛莎·史威在坦桑尼亚通过电台广播,帮助全国减少家庭暴力。还有很多影响者,有的致力于根除流行病,有的通过改变医疗行为拯救大量的患者,还有的帮助服刑罪犯成功转变成良好市民,这样的例子不胜枚举。

于是我们开始跟踪和研究这些成功的影响者,从中寻找普遍规律。本书剩下的篇幅将具体介绍我们在他们身上发现的具体特质。有一点是令人鼓舞的,即影响者的确存在,而且他们的所知所为是可以习得的。实际上,已经有成百上千的人阅读过这些规律,并且在他们的工作和生活中应用了这些原则与技巧。他们不但形成了自己独特的感悟,而且取得了很大的成就。因此,我们坚信你也能做到这一点。

下面我们就进入正题,试着列出你一直准备改变的对象,看看怎样才能帮助他们改变个人行为。

| 第 2 章 |

实现影响力的三个核心要素

> 我需要影响力,我发现自己不适合做大学校长。从办公室向外望去,我看到外面有个人在除草,他看起来对自己的工作得心应手。
>
> ——沃伦·本尼斯

我们在前面说过,影响者并不是随意就能深刻持久地改变人类行为的。如果他们只是运气使然,那么我们就无从复制他们的成功之道。幸好事实并非如此,他们实际上是靠下列三个要素取得成功的。这三个要素是所有影响者都长期坚持的做法,现在你也可以了解和利用它们了。

(1)关注和衡量。影响者非常清楚要实现的目标,而且对目标的衡量高度热心。

(2)发现关键行为。影响者关注的是可推动目标实现的高效行为。更准确地说,他们关注两三种可实现最大变革的关键行为。

(3)利用六种影响力来源。最后,影响者和常人的不同之处在于,他们善于利用各种条件推动行为改变。大多数人习惯使用一两种影响力工具解决问题，但影响者善于发现所有与期望行为改变相关的因素，然后推动它们发挥积极作用，避免消极作用。最重要的是，经过研究调查我们发现，通过利用六种影响力来源为自己服务，影响者可以把成功的概率提高十倍。

要素 1：关注和衡量

要了解第一个要素，我们来认识一下佐治亚州亚特兰大市的唐纳德·霍普金斯医生。他是卡特中心医疗项目副总裁，同时也是一位伟大的影响者。他能进入我们的视野是因为他曾从事一项史无前例的影响力活动——在全球范围内根除一种长期以来让医学界束手无策的可怕疾病。

这到底是一种什么疾病呢？要了解这个问题的答案，我们先来看看霍普金斯办公桌上一份令人恶心的样本。如果这种生物能够站起来，能有一米高。幸好，这是一种没有骨骼系统的寄生虫，否则就太恐怖了。更准确地说，它是麦地那龙线虫。[1] 霍普金斯把它泡在一瓶甲醛溶液中，是为了提醒自己和整个团队要面对的敌人有多可怕，要实现的目标有多艰巨，因为帮助感染这种寄生虫的患者是一项非常困难的工作。一旦有人感染，寄生虫会给宿主造成极大的痛苦，最终穿透体表离开人体。医学界对此至今没有任何对策，所有的药物、手术或其他方式都无法解决这一难题。感染这种疾病的人会遭遇令人无法想象的痛苦。为了解决这一巨大难题，霍普金斯成了一位社会科学家。

根据他的调查，在全球 20 个国家的 23 000 个偏远村庄，每年有 300 多万人感染这种疾病。这种疾病的起因是村民的饮水问题，在他们取水的污秽池塘中隐藏着大量虫卵。喝了这种水，虫卵就会进入人体。

接下来的描述会很恶心。虫卵孵化成成虫后，会拼命挖穿组织和皮肤，最后从患者的胳膊、大腿和任何可能的地方钻出来。整个过程痛苦异常，最终会让患者冲进池塘以求暂时缓解。这时钻出体表的成虫会向水中喷射出数以千计的虫卵，保证来年开始新一轮的"征服"。

霍普金斯之所以关注这种疾病，是因为他认为这种传染病完全可以从地球上被根除。他实事求是地告诉我们，他要做的是改变近 1 000 万平方英里①疫区内 1.2 亿人的行为方式。

如果是你面对这一问题会怎么做？给你 20 多个人、几百万美元资金，你有信心成功改变数百万陌生人吗？

霍普金斯医生和我们大多数人的区别在于，他（和我们研究过的其他影响者一样）很清楚该怎样考虑问题，以及怎样按照可预测的方式，制定能够解决问题的可重复性有效策略。

影响者要做的第一件事是关注和衡量。他们能明确陈述希望实现的目标，他们很清楚模糊的目标是实现影响力的大忌。对目标进行清晰、连贯和有意义的衡量也同样重要。这样可以确保对影响力活动的跟踪，确保让每一个受影响的人为自己的行为负责。这一点是影响者与众不同的一个重要原因。在多年对影响力活动的研究中，我们发现失败的绝大多数原因在于一开始就忽略了这一要素。这种情况会导致以下三种错误，严重损害实施者的影响力。

（1）模糊不清、无法令人信服的目标：对于要实现的目标缺乏明确陈述（如"维护员工权利""帮助城市儿童""开发团队"）。

（2）衡量不足：即便对目标有明确的陈述（如"形成坦诚交流的文化"），也很难开发针对目标的可靠衡量手段。

（3）错误衡量：即便有了衡量手段，人们往往也会衡量错误的要素，推动错误的行为。

模糊不清、无法令人信服的目标

关于引导行为改变，很多人认为制定目标肯定不会出错。毕竟，行动目

---

① 1 平方英里 = 2.589 99 × 10^6 平方米。

标是推动变革的第一步。例如，"我们的客户服务很糟糕""我们要帮助城市儿童""我们的产品质量一般，我们要做到最好"。

上面这些口号所体现的目标似乎很明确。管理者希望改善客户服务，帮助城市儿童，把产品质量推向新的高度。这些目标陈述听起来不错，但实际上太空洞，根本无法形成任何有效的影响力。谁知道你真正想说什么，"改善客服"有各种各样的理解，可以是响两下之后再接电话，也可以是送每个消费超过10元的顾客一只玩具猴子。

还好，不是每个人在制订行动方案时都对目标表述含糊不清。医疗促进学会前首席执行官唐·贝里克[2]就是一个很好的例子。在美国价值两万亿美元的医疗行业中，尽管医疗促进学会规模很小，贝里克担任的只是一个不起眼的角色，但他被公认为是这个领域最有影响力的人物之一，特别善于制定明确的行动目标。

贝里克告诉我们："在美国，第六大致死原因竟然是医疗失误，这太令人吃惊了。每天我们的疏忽导致的患者死亡数量堪比一架大型客机的乘客数量。我们都知道问题出在哪里，也知道该怎样避免问题，真正的问题是如何影响人们停止错误的做法。"

我们来看看贝里克是怎样确定行动目标的。2004年12月的某一天，他站在几千位医疗服务人员面前，提出了大胆而明确的行动目标："我们要在2006年6月14日之前拯救10万名患者的生命，对，是在那一天上午9点之前。"

贝里克的目的是要影响数十万医疗工作者的行为方式，通过避免医疗失误来拯救患者的生命。如今，他实施的"10万名患者生命拯救计划"已经被写入教科书。通过激发美国广大医疗工作者的关注和努力，贝里克和他的团队成功实现了拯救10万名患者生命的目标。

贝里克是怎样做到的呢？答案是利用影响力的三个核心要素。首先，贝里克提出了清晰明确的行动目标。他和团队要做的不是"减少问题"，不是"促进医疗安全",不是"帮助患者在未来几年改善生活",也不是"尽快挽救大量患者的生命",而是毫不含糊的"在2006年6月14日上午9点之前拯救10万名患者的生命",就是这么明确。

这样做的好处是,它能有效地避免各种拖延和误解,不需要进行任何补充或解释。我们再来看看贝里克的目标陈述,注意下面两句话之间的区别。

- "我们要降低医院的可预防事故。"
- "我们要减少医疗失误,在2006年6月14日上午9点之前拯救10万名患者的生命。"

你是不是感觉到了两者的区别?没错,第二个目标采用了明确、令人信服和以价值为基础的表述。你要做的是拯救患者的生命,而不是关注统计报表中数字的变化。更重要的是,它强调了要拯救的患者数量和行动时间表。

包含具体信息的明确目标可以显著地推动行为变化,因为它调动的不只是对方的思考,还会调动对方的感受。研究表明,明确、令人信服和充满挑战的目标可以加速人们的脉搏频率,激发大脑思考,充分调动肌肉活动。如果你的目标模糊不清,这些奇妙的效果根本就不会出现。

看来,利用简明有力的目标的确可以促进影响力的发挥。接下来我们再看一个案例,马丁·伯特也是一位出色的影响者,他在30年前成立了巴拉圭基金会。[3]一开始他的目标是帮助穷人获得贷款,然后通过个人努力摆脱贫困。不幸的是,经过30年的努力,伯特发现很多人可以得到贷款,但摆脱贫困的人却屈指可数。经过研究,伯特和基金会管理层意识到必须提出明确有力的行动目标,结果情况很快就出现了令人惊喜的变化。现在,他们不再强调基金会发放了多少信贷(这个目标缺乏说服力),而是提出了下面这个目标:"从2011年4月开始,我们要帮助5 000个贫困家庭在年底之前实现每人每天收入5美元(巴拉圭国家贫困线收入)。"(显然,这个目标不仅明确,而且和原来放贷收款的目标相比难度至少提高了10倍。）

由于确定了准确的目标和时间表，新的方案一出台马上就带来了积极变化，由此实施的一系列活动让整个基金会的面目焕然一新。它影响了人们看待工作的方式，影响了贷款业务员和顾客谈话的方式，影响了基金会员工在接下来的8个月中和顾客进行的数百万次对话。最重要的是，它为每一个人带来了巨大的成就感。2011年12月31日，伯特宣布全国共有6 000个家庭达到了先前制定的目标。关于这个案例，我们会在后面进行详细介绍，现在你只需牢记一点即可——影响力成功实施的第一个要素是确定明确有力的行动目标。

由此可见，影响者要改变别人的做法不只是在脑中建立明确的目标，更重要的是将其浓缩成明确有力的目标宣言。这样的宣言可以引发家庭、社区甚至全国的关注和参与，因为令人信服的目标总能凝聚个体并展开行动。

衡量不足

下面我们来看一个政府机关的案例，看看他们的做法有什么问题。

负责加利福尼亚州海岸警卫队新兵营管理的指挥官联系我们，请我们设计全新的培训活动，这个难得的机会让我们感到很兴奋。每个月都有数百名年轻人在这里接受训练，从长官眼里的菜鸟成长为合格的新兵。这显然是一个绝佳的实现影响力的机会。

指挥官告诉我们："我很担心这里会出现对新兵的辱骂和身体虐待问题。"此前我们听说过也见识过不少可怕的新兵营情况，对他的担心并不感到奇怪。实际上，就在离指挥官办公室不远的地方，我们看到下级士官正在大声训斥新兵，强迫他们拖拉沉重的锚链，让他们躺在地上蜷缩手脚扮演死蟑螂，否则就滚出新兵营。

指挥官继续道："我们的思路是这样的，先把新兵的价值观全部打破，然后重新灌输我们的观点。只要他们习惯接受命令，以后不管下怎样危险的命令他们都会毫不犹豫。不过我不清楚这样是否可行，我总觉得对新兵来说，这样做弊大于利。"

这时，指挥官身边一位负责训练的士官插话了："可是这样做确实有效果啊，我们增强了新兵的自信心。"

难道让新兵装死蟑螂可以增强他们的自信心？这可真是闻所未闻！我们好奇地询问他怎么看出来新兵的自信心得到了提高。

那位士官激动地说："比如上周的毕业典礼，有个新兵的父母都来了，他很快就把我介绍给父母认识。"

"这样就能证明自信心增强了吗？"

"那当然！来新兵营之前，这小子根本不敢做家庭介绍。"

"你怎么知道的？"

"这还用说？你去看看这帮家伙加入新兵营之前的样子就知道了。"

这个案例为我们提出了一个新的问题。你可以滔滔不绝地谈论行动结果，但是如果缺乏对行动结果的衡量，你的行动也不过是纸上谈兵。我们可以用减肥或计算利润来打比方，你只要往秤上一站或是用收入减去支出，就可以明确地知道有没有实现目标。但是，如果你要改善的目标是团队士气、员工参与程度、顾客满意度或是这个案例中的新兵自信心，你必须找到切实可行的衡量指标，必须找到能够体现行动目标变化的要素。

对行动目标缺乏明确衡量不只是新兵营指挥官会遇到的问题。在咨询活动中，我们遇到的很多人都是这样。他们并不是有意为之，而是自认为已经对要关注的行动结果有了准确的把握，然而实际情况并非如此。他们所谓的结论并不是基于可靠的衡量，而是以人云亦云的证据和主观感受为基础得出的。

这样的错误我们都曾经犯过。我们曾立下目标每天要消耗多少热量，然后跟踪我们自己猜测的达成目标的活动。我们看到真实摄入的热量数据时，往往发现其和自己的猜测相距甚远。再比如，我们觉得公司士气还不错，每个人看起来都挺开心，没人惹是生非或自找麻烦。可是突然有一天，我们会吃惊地发现有人辞职了，理由居然是"讨厌再待下去"，甚至发现有人跳槽到了街对面的公司，领着更低的薪水和更差的福利仍无怨无悔。你暗自思忖这到底是怎么回事，却不知道其中的原因是缺少对目标的衡量。

此类意外情形经常在企业中出现，因为管理者认为满意度、参与度和其他人性化指标不仅难以衡量，而且经常具备"软含义"。他们不信任衡量手段，认为衡量结果在行动方案中无关紧要。对于此类"软指标"，管理者最多两年实施一次。相比之下，企业可以每10分钟检查一次产品质量，每两小时讨论一次现金流状况，其中的差距简直不可同日而语。缺乏对目标衡量的关注，行为改变就无法得到有效推动；而缺乏足够的评估，就根本谈不上对目标衡量的关注。特别是当企业厚此薄彼，对不同指标的衡量存在巨大差距时，情况会更加严重。

比如，如果餐厅老板丹尼每天关注收入情况，对顾客满意度一年才关心一次，结果会有什么不同？这种情况对很多其他餐厅来说非常正常，管理层高度关注收入情况，至于顾客体验，每年象征性地了解一下就算完成任务。实际上，要想建立对影响力活动的衡量，你必须经常性地衡量。

当然，随时搜集数据需要投入大量的资源。管理者会经常抱怨衡量影响力活动所需的成本，简直和开展活动本身的成本一样多。其实这个观点本身就存在问题。在管理者的眼中，衡量指标和开展影响力活动完全是两个互不相干的概念，其实并非如此。指标衡量和影响力活动是密不可分的一个整体，实现对目标的正确衡量可以有效地推动行为改变。

错误衡量

不过，有些人并没有忽略目标衡量工作，而且衡量的频率还很高，可最终还是没有形成正确的影响力。这是因为他们衡量了错误的指标。例如，在冷战时期，苏联既没有概念也不知道该怎样衡量和资本主义有关的事物，比如"利润"，更没人听说过"顾客满意度"这个词，于是他们关注的是通过跟踪重量的方式提高生产率，这方面倒是做得很勤。⁴ 简而言之，那时的企业认为产品越多、越大，就越好。于是乎，钉子厂厂长不顾建筑行业的产品紧缺，决定改为生产质量更重但毫无市场需要的铁路道钉。主管部门的党委了解情况后改变了策略，决定以单位产品为基础进行衡量。于是，钉子厂厂长再度转型，改为生产细小但并不实用的鞋钉，这样一来产量轻松便达到几十亿。

再比如，多年来慈善机构一直以提供的服务数量来衡量是否成功。服务的人数越多，表明业务经营得越好。实际上，这样做会让慈善机构忽略对结果的重视，强调对活动的重视。（还记得联邦快递宣传单里的广告吗，号称司机行程超过几万英里⊖？）

这些似乎都是老生常谈了，下面讲一个不同的案例，看看怎样通过细致的分析来确定真正需要衡量的目标。先给各位提个醒，这个案例既复杂又令人心痛。

近来，美国军方高级官员意识到性骚扰正愈演愈烈，和部队要求的形象背道而驰。⁵ 美国军方人事主管汤姆·波斯迪克中将对这种情况尤为深恶痛绝。他基本在每一次谈话中都强调这件事。在一次会议上他提到一位在阿富汗执行任务的士兵，这位士兵连续多次性侵犯自己的战友。在其被军方逮捕时，共有七位士兵受到此人侵犯。在谈到受害者时，波斯迪克将军非常动情，就好像在谈他自己的孩子。

不过波斯迪克和他的同事似乎没有抓住问题的关键。他们投入了大量精力、资金预防和减少性骚扰及性侵害，但最终并没有实现多大改变。2012 年，美国军方共上报了 3 000 起性侵害案件，但人们普遍认为这个数字只占真实暴行的 10%。如果事实的确如此，这一问题每年会摧毁 3 万名受害者的人生，更

⊖ 1 英里 =1 609.344 米。

重要的是形势根本没有出现任何好转。

为什么许多人良好的意图和积极的关注最终无法实现重大的影响呢？第一个原因是军方采用了错误的指标进行衡量。他们唯一经常关注的是受到性侵害的人数。这个目标看似不错，但是却完全治标不治本，并没有把目标的设定与影响力的其他策略联系在一起。我们来思考一下，如果采用下面的策略会带来怎样的结果？你对部队军官说："我们要跟踪性骚扰和性侵害案件的报告，你们必须把每个部队的案件数量压下去。"

你对属下下了命令，他们肯定会想尽办法完成任务，不过案件数量减少不一定就是好事。如果真实情况是90%的案件都隐瞒未报，那么真正取得进展的第一个标志应当是报案数量出现增长。报案数量增长意味着军方的做法为受害者创建了安全的求助环境。一方面是性侵害数量的减少，另一方面是越来越多过去被瞒报的情况被放到桌面上而导致报案数量的增加。因而从总体上来看，整个报案数量应该呈现上升趋势。

但是，你怎么知道报案数量上升就是好事，而侵害案件增加就是坏事呢？答案是衡量需要改变的真正目标，即人们的想法和行动。有效的指标能告诉你人们是否感到安全，它能说明：①人们在面对性骚扰或性侵害时是否感到安全。②在举报此类案件时是否感到安全。只要经常关注这两个目标，你就能了解真实情况，合理说明报案数量的上升或下降究竟是好事还是坏事。这才是军方为真正解决问题需要衡量的关键要素。

这个案例说明，好的衡量指标不但能揭示真相，而且能推动正确的行为。有时候要确定真正的衡量目标需要费一番功夫，但这样做是非常值得的。考量衡量目标本身就是影响力。如果衡量结果的过程有可能推动错误的行为，那么就要留意对产生结果的行动进行准确衡量。

例如，你打算推动创新（衡量标准是每季度提交的新产品方案数量），而且意识到以前企业缺乏创新的原因是员工不愿提出新建议。通过和员工沟通，他们说提建议不是被人嘲笑，就是受到惩罚，因此大家学会了缄默。

根据这些反馈，你搞了一个培训课程，鼓励大家勇敢地表达内心的想法，同时保证提建议的人不会受到惩罚。然后你开始衡量两个指标：创新数量和提建议的数量。如果这两个指标都出现增长（而你衡量的对比组未出现增长），可以断定你的努力没有白费，接下来就可以充满信心地继续执行了。换言之，你知道要改变的行为是什么，而且很清楚该采用哪些策略来改变这些行为（我们把这些可带来重要结果的行为称为关键行为）。

综上所述，在启动变革项目时，你应当提出明确有力的目标，然后对整个进度进行衡量。在此过程中，注意不要依赖预感或直觉，应根据对行为的影响程度确定衡量目标。最后，记住要衡量正确的指标，要坚持经常性衡量。

要素 2：发现关键行为

在美国，每年有 3 000 多人溺亡，其中很多溺亡事故发生在公共游泳池。多年来，这个问题一直没有发生改变。后来基督教青年会[6]和雷伍兹保险公司联合开展了一项影响活动，使死亡人数成功降低了 2/3。

这个成绩是怎样取得的呢？通过对事故和获救案例进行研究，他们最终找到了可导致不同后果的关键行为。他们发现，救生员经常要花很多时间招呼会员，调整泳道，拾捡浮板和测定水质（好像这些和救生工作没什么关系）。

如果救生员能做到 10-10 扫描法，溺亡事故发生率就会大大下降。具体方法是，救生员站在高处，每 10 秒钟观察一次泳池，如果发现事故立即在 10 秒之内展开救助行动。就这么简单，只要做到这两点，结果就会大不相同。凯文·特拉帕尼带领雷伍兹保险公司的同事，与世界各地的基督教青年会携手行动，通过发现和实施关键行为的方式成功拯救了很多人的生命和家庭。

我们来看看餐厅老板丹尼是怎样利用关键行为来影响他人的。丹尼并没有设置复杂烦琐的行动守则，而是让员工牢记一条名为"ABCD"（Always Be Collecting Dots）的关键行为，即"时刻抓细节"。所谓细节，即那些可通过密切观察以及与顾客互动来了解其需求的具体信息。丹尼发现，善于抓细节的员工往往是那些善于以独特方式与顾客互动，从而有能力为其提供特别体验的人。

例如，如果发现顾客在出版行业工作，丹尼的员工会把对方引到出版人士集中的区域就座。他们非常善于发现顾客的食物偏好、座位选择、肢体语言、情绪反应、特别状况等细节，然后利用这些信息为其提供个性化的用餐体验。结果就像我们在开篇看到的那样，当丢失钱包的顾客心神不宁地走进餐厅时，员工马上就抓住了细节，通过了解情况最终完美地解决了问题。

丹尼显然很清楚，要想获得重大的改变，没必要改变很多行为，你只要把握住几条最关键的行为即可。

在接下来的章节中，我们要介绍影响者如何寻找关键行为以及如何利用影响力工具。只要找到关键行为，你就可以成功地解决几乎所有的问题。改变关键行为，你很快就能达到期望实现的目标。

要素3：利用六种影响力来源

实现影响力的第三个重要因素是想办法让人们执行你发现的关键行为。你已经确定了行动目标，而且知道实现目标的关键行为是什么，接下来要做的是让大家积极采用新的行为方式。这项工作说起来容易，做起来难，实际上本书一大半的内容讨论的都是怎样更好地做到这一点。现在，我们先来了解一下行动原则：利用六种影响力来源。影响者之所以能够推动其他人无法实现的行为改变，原因在于他们能利用多种方式取得成功。他们善于利用多达六种不同的影响力来源塑造人们的行为。通过这种方式实现目标，行为改变成功的可能性不仅大大提高，甚至可以说是必然的。

我们不妨举个教育方面的例子来做说明。大卫·莱文和麦克·范伯格是两位成功的影响者，为帮助数以万计的城市年轻人读完高中、升入大学，他们没有因循守旧，而是独创了一套全新的方法。截至本书写作时，他们在 1994 年创办的"知识即力量"（KIPP）活动已经涵盖美国 133 所可免费升入公立大学的私立高中，接受服务的学生人数超过 3 万。[7] 在这里，老师的薪酬并不比公立学校高，预算也不多，工作时间反而更长，招收的学生大多毫无升学希望，其中 85% 来自低收入家庭。

尽管面对各种挑战，但和附近社区上公立高中的学生相比，在 KIPP 高中就读学生的大学毕业率是前者的四倍。

他们到底是怎样做到的呢？如果仔细观察，你会发现前两个重要因素。首先是明确的目标和衡量手段，他们知道要实现的目标是什么并对实施过程进行准确衡量。其次是确定关键行为，他们把"努力学习"和"待人宽厚"作为 KIPP 的校训。所有教师和管理者的每一个行为都必须推动学生养成良好的习惯。他们实现成功的第三个要素，是在日常工作中坚持利用多种方式达到上述目标。为做到这一点，他们认真设计了六种影响力来源，帮助每一个学生操练上述两种关键行为。这些影响力来源包括以下六个方面。

第一种来源：个人动力

我们先从大家最熟悉的影响力来源开始介绍——个人动力。如果发现有人存在错误行为且屡教不改，你应当思考这样一个问题："他们是不是喜欢这样做？"在大多数情况下（特别是基于根深蒂固的习惯），这是推动和维持特定行为的重要源泉。例如，对教育行业而言，绝大多数学生都认为学校是一个既无聊又无益的地方。

但在 KIPP 情况却完全相反，努力学习意味着前途无量，大家经常讨论的是怎样考上大学，顺利毕业。在做自我介绍时，学生们都是这样开头的："我是克里夫顿，2018级本科生。"随着时间的推移和成功案例的积累，学生们意识到努力学习可以带来好成绩，好成绩会让他们感到学习充满乐趣。在这里大部分学生喜欢学习，因为这种行为可以带来成功的结果。此外，这里的教师也善于在课堂上活跃气氛。随便走进一间教室，你可能听到的是欢快的音乐，而不是令人昏昏欲睡的课堂练习。

第二种来源：个人能力

仅有动力还不够，要想了解为什么有些人不愿意改变行为，可以这样考虑问题："他们是否缺乏行动能力？"人们喜欢做一件事并不代表其会在这个方面取得成功。他们要具备必要的技能、才智和知识以推动关键行为的实施，否则还是会失败。例如，莱文和范伯格发现学生退学有两个原因：一是不爱学习，喜欢天天出去玩；二是家庭作业经常出错，让他们感到沮丧和失败。如果学生们总是表现不佳，由此带来的失望和反复刺激必然会导致其退学。

在KIPP，设计整个学习过程的目的是为学生创造一种感觉，让他们感到自信和成功。为实现这个目标，教师要为学生提供专门设计、充满启发和包含明确反馈信息的学习体验。当问到一个新的学生需要多长时间才能出现变化时，莱文笑了笑说："一个小时。当他们取得成功时，就会重复这种体验，我们的目的就是帮助他们从第一天起就感受到成功。"

第三种来源：社会动力

接下来要了解的是社会层面的影响力，你要思考的问题是：别人会鼓励他们做出错误行为吗？试想，如果你的同龄人半数都选择退学，那么学生对学习失去兴趣会变得很正常。特别是对于低收入家庭来说，子女退学的情况非常普遍。因此，除非你的同龄人都重视学术成就，否则你是很难独善其身的。

在 KIPP，我们随处可以看到大学锦旗，这些可不是虚构的，而是为这里的毕业生考上的大学制作的锦旗。学生们经常讨论的是想考哪所大学，为什么选这所大学以及努力学习能带来哪些回报。面对老生的刻苦奋斗、一心升学和实现成功，新生也会自然而然地选择同样的道路。在这里，学生从入学第一天起就能深刻地感受到这些明确设定的行为标准，使他们的行为方式出现积极的变化。

第四种来源：社会能力

他人对关键行为造成的影响除了动力还有能力。要了解影响力的这个来源，你必须思考的问题是：别人会不会提供帮助？通常，退学的学生很少有获得帮助、指导和教诲的渠道。

在 KIPP，老师初次家访时往往会给学生和家长带来非常不同的感受。管理者和教师希望家长明白，他们会尽一切努力帮助学生成功。因此，家访结束时老师会给对方留下自己的电话号码，准确地说是个人手机号码。他们会告诉学生："你的同学会帮助你。要是你写作业遇到问题，可以拨这三个同学的号码。如果他们不帮助你，可以给我打电话。记住我说的，如果不行就给我打电话！"老师给自己留个人手机号码，这个举动让很多学生都感到难以置信。你猜怎么着？不少好奇的孩子真的会拨打那个号码。当熟悉的声音从电话另一头传来时，他们的内心顿时体验到一种前所未有的感觉——希望！

第五种来源：系统动力

大部分人都能想到个人和社会方面的影响力来源，但往往会忽略环境在鼓励、支持关键行为方面发挥的作用。要了解这个方面，你需要思考的问题是：奖励和处罚能否鼓励关键行为的实施？例如，对于充满风险的校园来说，几乎不存在鼓励学生们继续学习的奖励因素。实际上，一些城市青年宁愿工作（包括合法和非法工作），也不愿继续上学，因为前者带来的好处要大得多。

在 KIPP，学校为每月按时完成学习目标的孩子提供各种有意思的奖励活动。例如，他们可以参加每月一次的"全勤舞会"，这种舞会只有满足特定出勤水平的学生才能参加。

第六种来源：系统能力

同样，环境因素对行为表现既可以造成积极推动，也可以造成消极阻碍。要了解这个方面，你需要考虑的问题是：他们（目标对象）所处的环境是否鼓励他们采用关键行为？例如，如果学校环境压抑、学习工具陈旧、家庭环境不稳定，学生又怎能全神贯注地学习呢？

在 KIPP，学校和家庭都是保证学习体验的重要环境。莱文、范伯格和其他老师会经常进行家访，了解促进和阻碍学生学习的具体情况，然后及时采取行动加以改变。例如，范伯格有一次去家访，这是一个居住在休斯敦某社区的家庭，母亲非常发愁，因为无法说服女儿关闭电视去写作业。范伯格当时是学校的校长，了解情况之后，他对那位母亲说："这好办，把电视搬走。"对方马上抱怨："那可不行！""既然别的办法都试过了，你只能选择这个了，要电视还是要孩子升学？"对方毫不犹豫地说："当然是升学。"几分钟后范伯格抱着 36 英寸⊖的电视走了出来。最终这位女生成功考上大学（当然电视后来送还了回去）。总之，KIPP 的做法是帮助家长和学生意识到该怎样利用家庭环境促进学习，实现成功。

从这些小例子中可以看出，莱文和范伯格根据六种方法各异但同等重要的影响力来源，设计了很多具体的应对措施。他们选择一种关键行为，然后利用六种影响力来源对其进行分析，先是找出其中不利的因素，然后想办法消除不利影响。

⊖ 1 英寸 = 0.025 4 米。

通过综合使用这些手段，他们最终全方位地保证了成功。

上面就是实现影响力的三大核心要素。无论你的目标是要根除传染病，改善客户服务，还是调动学习积极性，这三个要素都能为确定有效的影响策略提供基础。这些要素绝非迷惑人的花招或手段。它们既不是一时的风尚，也不是快速补救的方法，而是可以通过学习掌握的成功实现影响力的整体解决方案，即领导变革的秘诀。

| 第 3 章 |

发现关键行为

> 竭尽全力还不够,你必须先确定自己的目标,然后再竭尽全力。
>
> ——爱德华·戴明

在努力提高影响力时,如果你效仿了成功影响者的做法,多半已经做到了第一点:确定明确有力和可衡量的行动目标。也就是说,你很清楚要达到什么目标以及怎样对实施过程进行衡量。可以说,你已经确立了良好的开始。

接下来要搞清楚为实现你的目标必须改变人们的哪些具体行为。影响者在这个问题上的态度非常坚决,在没有找到需要改变的具体行为之前,他们绝不会贸然采取行动。

不过,这项工作看起来有些不大可能。一个人每天发生的动作成千上万,究竟该怎样选择呢?幸运的是,在引导行为改变方面,你无须研究这么多行为,甚至连几十个或几百个都不需要。实际上,我们只需一两个经过认真实施的关键行为即可实现重大变革。这是因为,你要实现的每一个结果几乎都有可以产生重大影响的瞬间。人们在这个瞬间做出的选择,要么能推动深刻的行为变化，要么会阻止行为变化，使问题继续存在。

幸运的是，此类关键时刻很容易被发现。例如在丹尼的餐厅，当顾客遇到问题时，员工在那一刻的行为显然会对客人的体验造成重大影响。医生不洗手就进入患者病房是一个关键时刻，遗漏如此简单的小动作可能对很多患者的健康构成严重威胁。麦地那龙线虫病患者忍不住把受感染的手臂伸入水塘也是关键时刻，接下来可能导致整个村庄的人来年都被寄生虫感染。

只要能发现关键时刻，找出具体的可实现目标的关键行动，即便涉及范围最广的问题也能发生改变。显然，这些行动即行为改变项目中的关键行为。找到关键行为，你就控制了实现影响力的第二个要素。

下面我们来看看真正的影响者是怎么做的。

国王的生日礼物

在寻找关键行为方面，威瓦特医生付出了极为艰辛的努力。

在迎接 60 大寿那一年，泰国国王拉玛九世为全国带来一份礼物。[1] 不幸的是，这份善意的礼物为泰国带来了洪水猛兽般的疾病蔓延。在此之前，泰国的艾滋病仅在监狱中存在，病情通过囚犯共用针头的方式在内部传播，因此多年来一直没有扩散到社会上。1988 年为体现王恩浩荡（这是泰国庆祝重大活动的传统），泰王对 3 万多名在押犯进行了赦免。随着犯人获得自由，艾滋病病毒如脱缰猛兽般在使用静脉注射的吸毒人群中快速泛滥。短短几个月的时间，整个国家几乎一半的吸毒者感染了病毒。[2]

病毒扩展的形势非常严峻，传播速度之快让疾病控制专家目瞪口呆。紧随吸毒者的步伐，性工作者也未能幸免。在不到一年的时间里，泰国一些省份有 1/3 性工作者的艾滋病病毒检测呈阳性。紧接着，通过她们，已婚男性把病毒传播给了妻子，妻子又通过血液把病毒传播到新生儿身上。截至 1993 年，据估计泰国已经有 100 万人感染艾滋病病毒。世界各国的卫生专家预测,按照这种传播速度,用不了几年,泰国的艾滋病感染率将会冠居全球,平均每 4 个成年人中就有 1 个带菌者。

但这一噩梦并没有出现,泰国的艾滋病传播率在两年后达到峰值,然后开始逐渐回落。在威瓦特医生的不懈努力下,20 世纪 90 年代末泰国新感染人群的数量降低了 80%。如果没有这份坚持,世界卫生组织曾预测 2004 年泰国的艾滋病人口将达到 500 万之巨。[3]

鲜为人知的是,威瓦特医生的解决方案来之不易,一开始甚至遭遇了不小的失败。当艾滋病开始在泰国肆虐之后,威瓦特医生及其同事负责在叻丕府控制病情。在接受专业培训时,他了解到,要想控制病情的传播,关键在于让民众了解艾滋病的危害。专家们(他们意识到了病毒传播问题,但并没有采取措施)认为病情的快速扩散源于大众的无知,因此当务之急是扩大宣传。

带着这种想法,威瓦特医生在泰国卫生部的指导下开始行动。[4] 以控制艾滋病传播为目标,他向民众进行宣传的方式和企业提高产品质量、客服和团队意识的做法差不多。威瓦特和同事们四处发传单,举办说明会,请明星在电视、电台节目讨论相关话题。

虽然付出了很大的努力,但是他们的行动最终以失败告终。经过两年耗资不菲、令人筋疲力尽的宣传活动,研究人员发现艾滋病传播的情况根本没有发生变化,有些地方的形势甚至更加恶化。这件事对威瓦特医生的影响很大,他决定扔掉教科书,不再遵照专家纸上谈兵的做法,转而研究自己的"治艾"策略。于是,他开始仔细研究艾滋病在泰国传播的具体数据。

经过研究,他发现 97% 的新发病例源自和性工作者发生异性性行为的人群。这个统计结果似乎有些反常,但了解泰国国情的话,你就不难明白其中的原因了。泰国有 15 万以上的性工作者[5],约合每 150 位成年男性一位。威瓦特医生据此得出的结论是，面对价格低廉的性服务和充裕的"市场供应"，绝大多数泰国男性会定期寻花问柳。

这个数据正是威瓦特医生需要关注的。如果和性工作者发生性行为是艾滋病泛滥的原因，尽管政府拒不承认性服务业的存在，他也只能以此为突破口研究对策。面对100万同胞感染艾滋病病毒的严峻形势，威瓦特医生认为现在已经顾不得政府形象和社会形象的问题了。如果问题出在性服务行业，那么就必须在这里寻找解决方案。

经过深入研究，威瓦特医生终于找到了关键时刻，它能够有效控制艾滋病的传播，即性工作者是否选择使用安全套的时刻。他的发现有两点：①关键时刻（指一个时间点上如果选择不同行为就能避免感染艾滋病）。②在关键时刻要做出的关键行为。如果泰国所有性工作者在这个时刻都能做出不同的行动，艾滋病的传播几乎马上可以被阻断。根据这个策略，他要求每个性工作者都做到使用安全套。让世界流行病学家吃惊的是，威瓦特医生的计划生效了，他成功地拯救了数百万人的生命。

西尔伯特博士的案例

或许有人觉得寻找关键行为虽然重要，但未必如此神奇，那么我们不妨再来看一个例子。的确，区区几个关键举动就能带来如此巨大的行为改变，这种观点似乎和我们多年来的传统看法和理论常识背道而驰。为了深入了解它的威力，我们看看新案例如何通过发现、创造和维持关键行为的方式来启动重大变革活动。这一次我们要研究的对象是旧金山市的西尔伯特博士，他是迪兰西公司的创始人。[6] 这家公司的总部位于旧金山市繁华地区，是一家半企业半社区的治疗机构，旗下经营几十项不同的业务。

这家公司的特别之处是其员工构成，用西尔伯特自己的话说，他们"臭名昭著、充满种族偏见、暴力贪婪，都是些小偷、妓女、强盗和杀人犯"。她告诉我们："30年前公司刚成立时，大部分员工是黑帮分子，现在他们还有很多是第三代黑帮成员。这些人经常会收到家里长辈的来信，催他们回去继续黑帮事业。"在这里，有不少新员工是犯下多起重罪的累犯，他们长期无家可归，很多人是瘾君子。

但是这些并没有阻碍西尔伯特的热情。通常，这些员工加入公司几小时后就开始工作。他们在餐厅、搬家公司、汽修店工作，或是为公司的其他业务提供服务。在这里除了西尔伯特，其他员工全都是罪犯和瘾君子。这里没有心理治疗师，没有专业人士，没有捐款，没有补助，也没有警卫——在过去30年中完全依靠令人惊叹的影响力使16 000多人的生活得到了深刻改变。[7] 在加入公司的罪犯当中，超过90%的人再也没有吸毒或犯罪。他们有的拿到了学位，有的成了专家，从此获得新生。[8]

詹姆斯的故事

我们要介绍的詹姆斯在餐厅工作，他是一个干净整洁、平易近人但目光犀利的员工。詹姆斯的经历很有代表性。和生活在旧金山地区的500多位员工一样，詹姆斯在加入这家公司之前是个职业罪犯和瘾君子。他和很多同事一样从童年时代就开始了犯罪生涯。早在10岁之前他已经做了四年的惯犯和吸毒者，伊利诺伊州警方一提到他就感到头疼。后来警方找到了詹姆斯的父亲，他在孩子刚一岁的时候就离开家远走高飞了。于是，警方亲自把詹姆斯送上了离开芝加哥的飞机，明确告诉他从此不要再回来。

詹姆斯来到加利福尼亚州奥克兰市，和父亲一起住在码头附近。不幸的是，这位"慈父"教会儿子的第一件事竟然是注射海洛因。在此后的25年里，詹姆斯的生活充满了无休止的暴力犯罪、吸毒和入狱服刑。六年前，他再次犯下一起严重罪行，被判入狱18年，连续16年不得假释。最后，他决定加入西尔伯特的公司以免服满刑期。

詹姆斯在这里发生的变化简直令人难以置信。如果你在餐厅碰到他，会发现这是一个衣着整洁、多年远离毒品和酒精的正常人。关于西尔伯特究竟是怎样做到这一切的，我们会在本书中慢慢道来。简而言之，为实现这个目标，她充分利用了成功影响者善于应用的各种原则和手段。

要想了解如何利用少数关键行为成功改变詹姆斯这样的累犯，我们来看看西尔伯特是怎样做的。她很早就知道，要想改变行为严重失调的人的生活，必须缩小影响力范围，找出关键行为，然后强化实施，扩大关注范围只能导致失败。在和西尔伯特沟通时，她明确指出要想帮助犯罪分子改变生活，应当注重的是其行为而不是价值观、说教或情感呼应。我们来看看詹姆斯第一天加入公司时和她是怎样沟通的。

对于那一天的情形，詹姆斯至今记忆犹新。

"在九人间的宿舍，第一天早上醒来你对大伙儿说'早上好'，得到的回答是'去死吧'！"显然，在这种地方靠礼貌是行不通的。

于是，西尔伯特开始关注如何改变行为，而不是进行说教。再次强调，她要关注的是少数关键行为，而不是一堆行为。她说："要同时改变20件事，你根本不可能成功。"因此，她开始深入研究各种需要改变的行为，希望从中发现值得关注和利用的关键行为，把这些罪犯改变成谦恭有礼的正常人。经过对16 000多人的研究，西尔伯特终于找到了突破变革的两大关键行为。只要关注这两个行为，其他所有的行为、价值观、态度变化都会一一实现。

她解释道："我们要面对的最大问题是如何消除街头文化，这种文化的核心是只管自己不顾别人。如果能改变这两种行为，其他的变化就会水到渠成。"

詹姆斯补充道："帮助别人面对问题也很重要。在这里，我们有洛城帮、铁血帮、白人至上主义者、墨西哥黑手党等各种帮派，大家都住在同一个屋檐下,火药味有多浓可想而知。所以我们要消除的是黑帮文化。"

了解了这一点,西尔伯特开始利用两大关键行为帮助员工沟通,以达到最终消除黑帮文化的目的。首先,她要求每个人必须为另外一个人的成功负责;其次,她要求每个人在遇到问题时都能挺身而出,声讨犯错的一方。

在具体实施时,每个人都要带第一周加入公司的新人。比如上一周你还无家可归,加入公司后,比你来得早的人负责带你,教你怎样在餐厅摆桌上菜等工作。一周之后有新人加入时,你要负责带新人,教他们怎样摆桌上菜。这样做的意义在于,人们从此不再说你的表现如何,而是说你的团队表现如何,这样你就会产生责任感。

第二个要练习的关键行为是当面指出别人的错误,这些错误包括违反规则、行为怠慢、恶语相加或其他不良举动。对很多累犯来说,要指出别人的错误无异于说外语一样困难。最终,西尔伯特通过强调两大关键行为,不但改变了员工的价值观和态度,甚至改变了他们的内心。这让她意识到,只要能持续改变 1 500 位寄宿员工在这两个方面的行为,他们的人生最终会发生彻底的转变。

我们会在后面的篇章介绍西尔伯特怎样影响这群极不情愿的员工积极采用关键行为,以及威瓦特医生怎样做到让每个性工作者 100% 地使用安全套。显然,仅了解关键行为是不够的,但眼下我们还是先重点讨论实现影响力的这条要素。我们的问题在于,很多人往往急于影响他人,结果未能认真思考要改变的具体行为是什么。影响者的做法完全不同,他们总是小心翼翼地寻找需要改变的关键行为,然后才启动行动方案。

急于行动不但容易失败,还可能带来成本高昂的副作用。例如,随着艾滋病病毒的扩散,急于采取无效的宣讲活动浪费了大量资源,结果也未能阻止病情的蔓延。同样,对于罪犯来说,急于采取行动的结果是,如今的刑罚机构根本无法帮助犯人悔罪自新,反而让很多人出狱后变本加厉。

学会关注要点

威瓦特医生和西尔伯特的做法真实地反映了帕累托法则的应用，即通常所说的二八定律。根据该定律，无论你要改变的目标是什么，80% 的成果源自 20% 的付出。因此，即使面对最复杂的问题，比如需要改变 10 种不同行为的情况，影响者也只需关注其中最重要的两种行为即可。反之，如果花费时间精力关注其中四五种行为，甚至 10 种行为一个不漏，结果肯定收效甚微，甚至以失败收场。

试想一下如果威瓦特医生错失对重要问题的关注会怎样？在泰国性交易是一个阴暗丑陋、无人愿意关注的市场，普通泰国民众根本不会谈论安全套的问题。相比之下，威瓦特医生关注其他方面会容易得多，如通过强调值得改变的社会积极行为来淡化问题，具体做法包括推翻性禁忌话题，促进性别平等或减少性交易行为，这些都是值得争取的方面。但他无法面面俱到，只能找出对控制病魔这个目标来说最为重要的行为。显然，能实现这个目标的最重要的行为即保证每个性工作者 100% 地使用安全套，只有这样才能拯救数百万人的生命。同样，西尔伯特的做法也是强调对关键行为的关注，它不但成功实现了变革，甚至为全世界罪犯改造这个难题树立了典范。

下面我们来看看这一手段对家庭问题有何帮助，如婚姻问题或夫妻关系问题。比如你的家庭关系尚可，但还不够完美，那么你该怎样进行改善呢？同样，实现和谐家庭关系涉及的具体行为有很多，如多陪伴对方，培养共同兴趣，学会倾听，促进性生活和谐等。但问题是，到底哪个才是推动家庭关系和谐的关键行为呢？

为回答这个问题，我们拜访了婚姻专家霍华德·马克曼和他的婚姻关系实验室。[9] 经过多年观察，马克曼发现只要克服四种错误行为，就能使离婚或夫妻争吵的概率降低 1/3。只需观察夫妻交流 15 分钟，马克曼和同事就能预测出五年后他们会不会离婚，准确度高达90%。[10] 他们是怎么做到的呢？很简单，观察夫妻在关键时刻的表现，这个时刻即双方发生争执时。

研究人员发现，判断能否保持幸福婚姻的秘诀不需要什么"50条原则"，而是取决于双方每天或每周出现争执时处理问题的方式。如果在争执中经常出现四种行为——一味指责、火上浇油、针锋相对或消极退让，那么婚姻的前景可谓凶多吉少。与此相反，如果双方能设身处地地为对方着想，然后坐下来冷静沟通，他们的婚姻就更容易得到维持。

二八定律适用于解决各种问题，如提高学生成绩，保证油井安全，避免医疗事故等。我们在每一个领域都发现了同样有效但却违反直觉的原则，即少数关键行为的改变可以推动任何成功变革活动中的大部分改善。因此，只要找到关键行为并加以改变，无论你要面对的问题有多麻烦，最终都会实现重大成功。

像影响者一样行动

朱蒂是一位护士长，通过关注关键行为，她所在部门的患者体验好评度提高了三倍。她关注的具体行为是：①护士每天早上和患者沟通，在白板上写下患者当天的目标和计划。②包括医生在内每个照顾患者的人，都要阅读白板，根据指示行动，并在下班前更新白板内容。

发现关键行为

确定和实施关键行为通常会带来以下问题：怎样确定关键行为？关键行为不够明显，难以确定怎么办？在这个问题上，如果你不够认真仔细，很容易关注错误的行为，导致失败。例如，著名心理学家阿尔伯特·班杜拉曾经带过一个研究生,这个研究生有一次教酗酒者如何放松。这究竟是怎么回事呢?原来,他认为对酗酒者来说保持清醒是一个关键行为。既然他们在生活中压力那么大,这位研究生认为教他们学习放松有助于减少饮酒行为。

这些酗酒者学得还不错,很快就掌握了如何自我放松。但是,他们的酗酒行为一丁点儿都没有改变。最后,这位研究生发现除了一帮非常放松的酒鬼之外,问题根本没有得到解决。显然,帮助对方放松并不是减少酗酒的关键行为。[11]

成功的影响者不会陷入这种误区,他们会利用以下四种行为搜索策略,避免出现错误,保证对关键行为的关注。

- 注意显而易见的行为,指显而易见(至少对专家来说如此)但很少实施的行为。
- 寻找关键时刻,指行为关乎成败的时刻。
- 向优异表现者学习。分辨优异表现者的行为,优异表现者指那些生活在同一环境但能带来积极结果的人。
- 注意文化壁垒。找出可逆转陈旧文化标准或禁忌的行为。

搜索策略一:注意显而易见的行为

20世纪70年代,本书作者之一曾在斯坦福心脏病预防医院工作过一段时间。在进行某项科研项目时,研究者的目标是在加利福尼亚州圣何塞市区别健康居民和病患之间的行为差异。这是一项很久之前的研究项目,就算你没去过圣何塞,大概也能猜到他们的研究结果。

提示一下,这个问题的答案非常显而易见。

研究人员发现有三种行为决定着调查对象的健康状况。健康的人群经常锻炼身体,其饮食更好,而且不吸烟。对此我们可以得到怎样的结论呢?没错,寻找关键行为并不是什么高深科技，很多关键行为往往是显而易见的。

这就是寻找关键行为的第一个策略，你应当寻找的是那些显而易见但很少得到实施的行为。这些行为会让你直接达到期望目标，甚至让你感到不屑一顾。另一方面，它们又是很少得到实施的行为，这倒不是因为我们愚笨，而是因为其实施起来非常困难或极其令人不快。寻找此类关键行为通常有两个办法，一是实施已知行动，二是快速了解专家对相关问题的看法。如果很容易确定重要行动或是专家对相关问题快速取得一致意见，那么就意味着找到了关键行为。

要对关键行为施加影响需要利用六种影响力来源，即实现影响力的第三个要素。但是，不要低估正确发现第二个要素的重要性。即使关键行为显而易见或是已经得到专家确认，发现和关注它们对于下一步利用影响力来源来说仍非常关键。

我们再来举一个例子对这种搜索策略进行说明，看它是怎样关注显而易见但很少实施的行为的。你能猜到决定大学新生能否撑过第一年的三个关键行为吗？在美国的一些大学，新生在第一年退学的比例高达50%。[12]这个问题引发了学术界的担忧，希望能在第一年这个关键阶段对学生们的行为造成影响。无论对学生还是对学校来说，退学都会带来非常不好的结果。

由于这个问题普通民众接触得比较少，这一次我们选择快速调查相关专家的意见。在这个案例中，我们通过互联网了解到某中西部大学的研究人员曾整理过大量数据，经过对大一学生进行分析，发现有三种关键行为决定他们是否会退学。要想顺利通过大学第一年，你必须每天上课，完成作业（这还用说！），然后广交朋友（真的假的？）。前两个似乎显而易见，很明显退学的学生都没做到这两个方面，可朋友少也是区分优生和差生的条件吗？

于是我们向专家请教为什么大一交友会如此重要。专家称，大一的感恩节假期可以说决定着新生的命运。通常，这是他们回家度过的第一个重要节日，很多人会在这个时候和高中恋人分手或是被对方甩掉。这种情况每年都会大批出现，以至于大学辅导员给失落的学生起了个外号——"火鸡仔"。火鸡仔们返校时的心情可想而知，既压抑又难过，于是他们开始埋头学习，重新交友，和高中时代挥手告别，开始进入人生新的角色。但是，如果无法通过这一关，不能结识新朋友并确定自己新的身份，很多学生便会黯然退学。

综上所述，在你匆忙关注错误的关键行为之前，你应该停下来分析一下，看看那些显而易见或专家发现的行为。关注已知行为，通过互联网调查或是和行业专家沟通，然后观察能否根据可靠的研究结果揭示真正的关键行为。

像影响者一样行动

有个银行经理对我们说找到了赢得龙舟赛的关键行为。他所在的银行赞助了一项在坦帕湾举办的龙舟赛。这个关键行为到底是什么呢？答案简单得吓你一跳——拼命划桨。这位经理乐不可支，但语气一点都没开玩笑："在比赛中，大伙儿开始讨论怎样才能取胜，这时有人喊道：'少废话，赶快划！'瞧，只有这样，你才能赢得比赛。"没错，最显而易见但又容易被忽略的行为往往就是最重要的行为。

搜索策略二：寻找关键时刻

在寻找关键行为时，另一个需要熟悉的概念是前面提到过的关键时刻。我们大多数人在大多数情况下的行为都是正常的，也就是说，我们的问题通常是在各种情况都很不利时出现的。实际上，在这种紧要关头出现的行为往往非常重要，决定着成败。

我们举个例子来说明一下。诺贝尔钻井公司是一家国际知名的海上采油公司，也是高度强调安全工作的行业先锋。在对这家公司进行调研时，其内部专家是这样描述安全问题的："在我们公司，98%的员工在98%的时间里在做98%正确的事情，但这还不够！"

这句话的表达对于寻找关键行为来说很耐人寻味。如果他们能找出那2%的人在2%的时间里做错的2%的工作，无疑会为企业带来巨大的改善。实际上，这一点正是公司领导希望实现的目标。他们努力寻找关键时刻，研究各种违反安全规定的行为，详细登记每一次违规发生的时间、人物、地点和具体情况。

调查结果发现，除了极个别的情况之外，几乎所有员工每时每刻都在遵守安全生产规定。其中一个个别情况是钻机停工。钻机工作时，每天可为公司带来25万美元的收入，一旦停工会造成巨大的损失。由此不难想象，在这里每个人都要保证钻机的高速运转。一旦设备出现状况，大家会抄近道尽快赶往现场，把安全规定暂时抛到脑后，一心只想尽快启动钻机。尽管没人说这时可以忽略安全规定，但实际上大家都会这么做。

另一个例外情况也差不多，不过主要和天气相关。当海上风暴接近时，员工们必须马上穿好防护衣撤离，这时他们也会抄近道离开，忽略安全规定。

第三个关键时刻和海上钻井平台的工作环境有关。这里面积不大但高度非常惊人，如果有人在梯子上高空作业，很容易出现人或物体坠落的危险情形。

发现这些关键时刻为公司鼓励和支持关键行为提供了基础。他们确定的关键行为包括：

- 当钻机停工、生产进度落后或风暴接近时，召开安全会议，设计具体对策，确保每一条安全规定得到遵守。
- 高空作业人员必须使用安全带，手中严禁携带任何物体。

这些行为实施起来并不容易，但诺贝尔钻井公司坚持做到以上两点，通过关注这些关键行为成功挽救了数十人的生命。

说完海上油井，我们再来看看快餐厅是怎么寻找关键行为的。通过观察多家大型连锁快餐厅，我们深入了解到以下几种不甚明显的关键行为。

假设你是一家汉堡连锁店的老板，正在想办法改善店内的顾客服务质量。你首先关注的是培训活动，掏钱为店面经理和员工进行客服培训。总体而言，店面经理对培训很满意，认为对于改善客服质量有帮助。但问题是客服评估指标并没有得到改善。

随后你开始寻找关键时刻，了解由此带来的关键行为。你首先分析了失败的情况，对快餐店来说客服投诉主要包括三个方面：一是点餐没人理会，二是点餐费时过长，三是点餐服务质量太差。在这里要注意了解你是哪种情况。你的员工总是细心和蔼，没有人大喊大叫、出言不逊或是行为粗鲁，但顾客满意度还是不尽如人意。

接下来，你开始分析失败客服发生（关键时刻）的时间和具体情况。你根据每天的时间点、每周的时间点和每个餐厅的具体条件对问题进行系统描述，最后终于发现了原因。原来，80%的问题出现在以下三种情况：餐厅人手不够（甚至少到只剩两个员工），后厨有一个或几个烤箱熄火，短时间内突然出现大量顾客。

在此基础上，你分析了自己以及员工在这些关键时刻的行为，结果发现自己也是问题出现的部分原因。当餐厅出现大量顾客或烤箱熄火时，你经常主动接替员工的职位，为顾客点餐收钱或是动手修理烤箱。这样做会影响你的组织领导，导致客服质量下降。根据你对问题的了解和关键时刻的认识，你决定以后再出现类似问题时强调以下两种关键行为。

- 马上停下手上的工作，通知待命员工上岗。
- 你只负责管理安排事务，保证员工的快速配置，让顾客快速点餐和用餐。

显然，确定和影响这些关键时刻的关键行为能够显著改善顾客的满意度。

搜索策略三：向优异表现者学习

你觉得自己是优异表现者吗？答案最好是肯定的，至少有时候是。优异表现者是指那些面对同样的问题能够自己找到解决办法的人。

像影响者一样行动

我们曾帮助某公司进行调查，这家公司的问题是管理人员总是无法按照预算完成项目。我们让他们绘制了项目规划实施流程，然后指出出现问题的关键时刻，结果发现他们陷入了一个恶性循环。具体原因是这样的，企业高管认为下级管理人员太浪费，每次都会把他们的预算削减20%并要求他们按质按量完工。面对这种情况，管理人员每次在制定预算时都会增加20%，因为他们知道反正上级会打折扣。

下级提高预算，说明上级做法不对，但上级这么做又是因为下级总是提高预算。这个问题成了难解的死循环，让双方的信任度变得越来越低。那么，在这个关键时刻可以破解死循环的关键行为是什么呢？经过和公司高层讨论，我们终于找到了关键行为："如果预算不对，必须坦诚说明问题"。这个行为之所以重要，是因为它迫使大家关注真实的预算，而不是虚高的目标。对这家公司的高层和下级管理人员来说，要做到这一点很困难，因为他们对彼此的信任度非常低。但是，只要员工能做到彼此坦诚相待，恶性循环就会变成良性循环，保证所有项目都能在预算目标内完成。

如果你发现在面对同样问题的一群人中，有些人能找到成功解决问题的办法，那么你可以向他们学习该怎么做。

我们来举个例子。我们曾在一家医院观察医嘱打字员的工作。这些打字员头戴耳机坐在电脑前,把听到的医嘱整理成文件。最近这家医院采用了新安装的语音识别系统,该系统可以代替 80% 的人工打字劳动。就在这时问题出现了,尽管新的技术非常先进,但大家的工作效率反而下降了,团队士气也一落千丈。虽然员工们都很积极,希望尽快掌握新的技术,但大家的耐心已经不多了。

本该提高工作效率的系统,现在反而成了累赘,问题到底出在哪里呢?要了解优异表现者的做法,第一步是找出面对相同情况但拥有解决之道的人,简而言之,就是在目标人群中发现优异表现者。通过了解情况,医院的部门经理发现有三位女员工与众不同,她们的工作效率不降反升,几乎提高了 10 倍。

第二步是让普通员工和优异表现者观察彼此行为方式的不同,特别是在关键时刻的行为差异,换句话说,就是让研究对象自己去寻找差异。在这个案例中,我们让打字员去观察问题。这样做的好处是,研究对象自己发现的证据会更有说服力。

他们果然找到了问题所在。这三位优异表现者的不同之处在于,她们各有一套快捷键操作方法,能有效提高工作效率。这些快捷键操作,即决定一切的关键行为。

最后一步是让所有人都采用前面确定的关键行为。在这个案例中,三位优异表现者相互比较了笔记,从中挑出最好用的快捷键方法,然后对其他同事进行了简单的操作培训。不到一周之后,该团队每个员工的工作效率几乎都提高了 10 倍,士气得到了极大的振奋。

像影响者一样行动

一天晚上在返回宾馆的机场大巴上,有位空姐开始抱怨起空乘工作的各种难处。特别是遇到一大群又哭又闹、不服管教的孩子时，这种情况会让她感到忍无可忍。但不幸的是，昨天晚上的航班上她就遇到了这种倒霉事。她的抱怨引发了大家的同感，不一会儿很多人都开始抱怨起来。

令人奇怪的是，人群中有一位空姐脸上露出了不解的表情。有人好奇地问道："难道你没遇到过这种情况吗？""当然遇到过，不过每次我都会给他们发小玩具。"她一边说一边打开提包，给大家传看一件件简单便宜的小物件。这个新奇的思路让大家豁然开朗，顿时觉得她聪慧无比。的确，面对让乘务人员、家长和其他乘客都烦恼不已的问题，她只用一个小小的举动就解决了。她可真是当之无愧的优异表现者，为所有人上了很好的一课。

搜索策略四：注意文化壁垒

在寻找关键行为时，留意那些可能违反禁忌，导致惩罚或挑战文化准则的关键行为。很多组织机构中之所以常年存在错误行为，是因为这些问题无法公开面对，坦诚指出问题可能为你带来麻烦。例如，位于大溪城的 Spectrum Health 公司致力于消除医疗感染行为。[13] 这家公司发现，绝大多数感染行为是医疗人员不重视洗手导致的。因此，他们提出的目标是让每个医务人员每次进出患者病房时都洗手或使用消毒剂。

要知道医务人员每天会进出病房上百次，因此只要是正常人，难免会不时偷个懒。但优异表现者是怎样做到遵守规定，每次都勤洗手的呢？原来他们会互相监督，一旦有人忘记洗手，其他同事便马上做出提醒。

但是在医疗机构中，当面指出别人的错误是一大禁忌，当对方比你位高权重时尤其如此。比如，一位清洁工正在为病房擦玻璃，看到手术医生走了进来。他好像没看到医生洗手，但又不是非常确定。这时应该当面指出问题吗？如果按照医院的行为惯例，答案是否定的。如果他真的做出了关键行为，谁又能保证他以后每次都会这样做，从而形成新的行为准则呢？

实际上，这个问题取决于接下来的关键时刻。清洁工一旦指出问题，马上会陷入非常被动的局面。但是，如果对方回答一句"谢谢"，这种无助感就会立刻消失，从而肯定其关键行为。医生这样表态能极大地缓解清洁工的压力，让他不再感到难堪，认为当面指出问题是必要的做法，既能帮助医生，又不会招致麻烦。可以说，如果没有第二种关键行为（感谢别人提醒），错误的做法将会继续，医疗卫生问题永远也无法得到解决。

值得注意的是，这两个关键行为都是与长期以来形成的潜规则相反做法，它们把不成文的规定变成了明确的需要进行培训和掌握的成文规定。这些关键行为被推广到 Spectrum Health 公司和耶鲁纽黑文医院时，一开始根本没人相信会取得成功，因为它们实在是太反传统了。通过利用六种影响力来源（实现影响力的第三个要素），这些关键行为最终变成了医院里的新准则。当每个人都做到这两点之后，医院的卫生状况马上得到了很大的改善。

如果大家留意的话，会发现在此类案例中存在一种模式。通过对数以百计的影响者案例进行调查，我们发现有一项关键行为能始终如一地推动变革，这项行为即帮助别人面对关键对话。实际上，我们对关键对话技巧的研究就是在这些调查的基础上完成的。无论是在泰国预防艾滋病蔓延，在加利福尼亚州帮助罪犯重新生活，在布基纳法索消除龙线虫病，或是在软件公司降低错误率，它们在推动行为改变时的共同点是对人们施加影响，帮助他们挺身而出指出错误行为。因此，在寻找关键行为时，你必须学会关注这些关键的文化壁垒。

搜集实例，了解准则

通过研究行为文化了解和关键行为相反的长期形成的传统做法，结果往往会让人大吃一惊。因为文化准则通常是无形的，让希望改变它的影响者无从下手。正所谓"不识庐山真面目，只缘身在此山中"，文化总是悄无声息地在我们身边发挥影响，让我们无法看清它独特的准则、习惯和潜规则。

当然，无法清晰认识文化准则不代表可以小觑它发挥的作用。要想发现文化壁垒行为，影响者首先要做的是形成自己的文化，而实现这个目标最好的方式是搜集实例。举个例子，我们有一个项目是对加纳和印度尼西亚金矿的运输车司机进行调研，目标是想办法保证道路运输，让司机和行人变得更加安全。实际上，每个司机都很清楚道路管理规定，如关于限速、通行以及事故现场处理的相关法律。但是，大家都知道这些法律根本没人遵守。为了改变这种情况，我们必须了解有关道路运输的潜规则，即那些真正影响驾驶员行为的准则和期望。

为此，我们开始向数百位司机征求关于车祸事故的实例（注意不是大众观点或看法）。在这个项目中，我们利用网络手段搜集实例，这样可以让他们用自己的语言和方式进行表达（也可以采用传统的访谈法或焦点小组法）。陈述内容有助于了解陈述者的文化准则。在这个案例中，驾驶员通过陈述揭示了他们在道路行驶中真正遵守的潜规则，如"为什么遵守限速规定，又不是给老板开车""行人根本没有通行权"。可见，这些潜规则才是金矿管理者应当改变的目标。发现了这些潜规则之后，他们才能找到改变它们的关键行为，然后利用六种影响力来源培育这些关键行为。显然，如果不利用实例搜集法确定那些潜藏但至关重要的文化准则，这一切都是不可能实现的。

结论测试

诚然，寻找关键行为的四种方法能为我们奠定良好的基础，但它们并不是万无一失的，这时就需要我们做出主观判断了。这四种方式都能发现似是而非的关键行为，而真正的关键行为应当经过严格的验证才行。幸运的是，这种搜索方式可以提供足够的信息，帮助你把项目推进到下一个阶段。当风险很高、资源齐备的时候，你可以自行启动真正的研究项目。也就是说，你可以对关键行为及其结果进行跟踪，观察行为的改善能否带来结果的改善。在合适的情况下，你可以改变条件继续进行微观实验，直到确定关键行为能实现期望中重大的结果变化。也许你没有足够的资源进行测试，但你需要知晓这是可以实验的并曾被验证过，即使是在传统企业内部也实验过。

学习专家爱迪娜·瑞德

要了解寻找关键行为对严格的影响力项目的重要意义，我们来看看学习专家爱迪娜·瑞德博士的案例。[14] 爱迪娜博士对教师行为进行了长达50多年坚持不懈的观察，以了解到底哪些关键行为决定了教师水平的高低。她对几乎所有的教学行为进行了数据整理和研究，将其和理想目标进行对比，最终发现了一些具有决定性意义的关键行为。

在她发现的关键行为中，有一条是多表扬少惩罚（有些人可能觉得这不需要研究）。她发现，和其他教师相比，优秀教师会更积极地奖励学生的良好表现。另一条关键行为是教师应当在教学和测试两种模式中快速转变，然后在需要的时候马上做出修正。表现不佳的教师会长期唠叨，让学生自己努力，结果往往造成重复性错误。通过观察优异表现者（教导相同学生但能帮助他们实现优良学习效果的教师）与众不同的行为方式，瑞德博士成功地发现了改善学习的关键行为，它们能有效地改善包括阅读理解和词汇学习在内的各个方面。

当然，新发现的关键行为是否有效，必须通过实验进行测试才知道结果。如果它们的确是真正有效的关键行为，实验对象在期望目标方面的改善肯定要比控制对象的表现好得多。

这一点正是爱迪娜博士的过人之处。她在缅因、马萨诸塞、密歇根、田纳西、得克萨斯、北卡罗来纳、南卡罗来纳、内布拉斯加、华盛顿、弗吉尼亚、夏威夷、亚拉巴马和加利福尼亚等州进行的实验表明，无论教学内容、学生层次、学校规模、预算情况或人口特征有何差异，改变关键行为都能推动教学表现，对学生的一生造成影响。

这些最佳案例研究对我们有两个重要启示：第一，我们必须通过仔细研究的方式，从已发现的关键行为中去伪存真；第二，在很多我们希望施加影响力的领域，已经有人做过关于关键行为的研究。例如，想帮助患有Ⅰ型糖尿病的朋友、孩子或爱人健康地生活，你必须鼓励和帮助他们做到众所周知的两个关键行为：每天测量4～7次以及调整胰岛素水平，保证正常的血糖值。这两个关键行为能显著提高患者正常生活的可能性。只要仔细研究，你会发现很多影响大众的重要问题，实际上不少专家学者已经找到了关键行为。

总结

影响力大师深知个别行为可以为关注的目标带来巨大的改变。要做到这一点，他们必须深入寻找可带来重大改变的一两个行动，具体做法是利用四种搜索技巧确定关键行为。他们要寻找显而易见但很少实施的行动，然后征询专家意见对其进行确认。在定制变革项目寻找关键行为时（根据具体情况而定），他们关注的不是98%的时间里正确行动的时刻，而是在另外2%的时间里出现错误的时刻。根据这些关键时刻，他们再进一步提出正确的行为方式。通常，成功的影响者会在组织机构内部或具体情况下，对面对相同问题但能实现优异表现的个人进行研究，从他们身上发现关键行为。最后，他们会留意关键行为是否涉及某些根深蒂固的潜规则，是否需要破除旧的文化准则以建立新的行为规范。

现在，你已经明确了希望实现的目标，而且找到了实现目标的关键行为，接下来要做的是帮助人们采用和实施这些行为。毫不夸张地说，最后这一步无异于制造奇迹。当然，如果改变人们的行为如此轻松容易，那些持久困扰人类的重大问题恐怕早就全部解决了。正因为其难度之大，我们才需要用本书一大半的篇幅介绍如何帮助和鼓励人们积极采用关键行为。

| 第二部分 |

INFLUENCER

利用六种影响力来源

谁会为人类的影响力设限？

——爱默生

你已经确定了希望实现的重要目标，设置了衡量实施过程的具体方法，甚至找到了实现目标所需的关键行为。但这一切都还不够，你必须让人们心甘情愿地采用这些行为。这就关系到实现影响力的第三个要素——怎样让每个人实施关键行为。

我们在第 1 章说过，影响者和常人的区别在于，我们常常手忙脚乱地挨个尝试影响力策略，而影响者往往深思熟虑地采用多种手段实现目标，即利用各种因素促进变革。他们会以系统化的方式了解六种影响力来源对错误行为的影响，然后制定对策扭转这种影响。简而言之，他们可以综合利用六种影响力来源推动行为改变。只要做到了这一点，变革就一定会发生。

我们大多数人在采用影响力策略时都会有所偏好，要么制定法律，要么威胁后果，要么搞各种培训活动。采用自己喜欢的方式施加影响，问题倒不是这些方式本身不对，而是因为它们过于简单。这就好像只带一顿干粮就敢爬珠穆朗玛峰一样，倒不是说你带红牛饮料或士力架不对，而是因为这些储备远远不够。换句话说，以简单的手段应对复杂的行为问题几乎完全无效。

尽管如此，一直以来人们还是热衷于采用这种简单的解决方式。例如，问问企业领导怎样把到点就走的员工变成高度关注质量的狂人，他们会说搞培训——坚信和 20 世纪 90 年代 GE 的管理者提高公司股价的方法如出一辙。实际上，培训只能为行为改变奠定基础。要想真正建立关注质量的企业文化，这显然不是简单的培训课程可以解决的问题。同样，如果问政府官员怎样打击犯罪，他们会说对重大要犯要从严判处，其实一样是治标不治本。问问社区管理者怎样控制儿童肥胖症，他们会大力推动示范项目，拆除安装在学校里的糖果售卖机。

扪心自问，我们在解决问题时不也渴望"短、平、快"地做到一劳永逸吗？喊一句口号动员所有人，制订完美的婚姻计划，利用两小时的课程改变企业文化——这些不都是我们身边发生过的情形吗？

一劳永逸地解决问题的确非常有诱惑性，但这种做法通常不会成功。如果你希望改变的行为只有一种影响力来源作为支撑，那么改变这种来源或许可以达到期望的目标。但是，如果你面对的是长期存在、根深蒂固的积习，这就需要利用多种甚至全部六种影响力来源了。试想一下，如果某种陋习有六种影响力来源作为基础，而你只解决了其中一个方面，成功的行为改变怎么可能实现？这显然是绝无可能的。实际上，你要面对的问题是一道数学题，而不是难解之谜，五种解题方式总好过一种。掌握了利用六种影响力来源分析问题，你才能成功解开这道数学题。

掌握六种影响力来源

我们在前面提到过一个两位教育研究者利用六种影响力来源解决问题的案例，下面来看看这个模型到底是怎样发挥作用的。实际上，所有影响人类行为的力量都可以归结为两种基本的驱动力，对，只有两种。比如，人们经常暗自思量："我能做到要做的事吗？""这样做是否值得？"。第一个问题其实问的是"我有没有能力"，第二个问题问的是"我有没有动力"。因此，不管你的目的是要管理中学的同辈压力，向贫民窟宣传文盲问题，或是帮助好莱坞明星培训情绪管理课程，无论影响人类行为的因素有多少种，最终都可以归类为这两种驱动力中的一种。它们不是激励就是支持关键行为，又或者两种驱动力兼而有之。

动力和能力构成了影响力模型中的前两个方面。

接下来，我们可以把这两个方面进一步细分为个人、社会和系统三种来源。这三种影响力来源反映了三种相互独立的层面，分别是心理学、社会心理学和组织理论。通过了解这些层面，我们可以确保从已知的影响力技巧中选择相应的策略。

我们先快速了解一下影响者利用影响力来源的范围。不用担心这里的说明不够明确，我们会在接下来的六章详细介绍每一种影响力来源的应用。你会发现，其中不少方面曾经在你的工作生活中得到过应用。现在你要了解的是，在出现任何问题时，你都可以有意识地利用这些影响力来源。

在个人层面，影响者的做法是在关键行为与内在动力和个人能力之间建立关联，通过针对性强化训练的方式实施具体行为。在社会层面，他们利用社会影响的力量鼓励和支持新行为的采用。在系统层面，他们会利用别人很少采用的方式，以适当的激励或惩罚手段鼓励人们采用关键行为。最后，他们要努力确保周围事物对关键行为的支持，如各种系统、流程、汇报机制、视觉线索、工作安排、工具、补给、机械设备等。掌握了这个模型，影响者就能清楚地了解要想全面推动行为改变，必须利用哪些方面的影响力要素。

下图是六种影响力来源的模型，在第 4 ~ 9 章会重复出现。

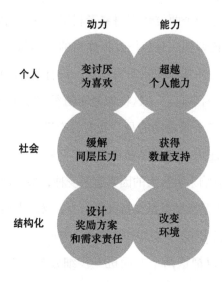

要进一步了解如何利用每一种影响力来源，我们到尼日利亚的村庄去看看消灭麦地那龙线虫传染病的案例。我们已经了解到，要根除这种疾病只需做到三个关键行为：一是村民必须过滤用水，这一点似乎并不难；二是如果有人感染，病情解除之前严禁患者接触公共水源，这一条也不是难事；三是如果有人不过滤用水或是因此感染，其他村民必须当面指出其错误行为。

既然知道了根除这种疾病的三个关键行为，我们研究的这个影响力项目似乎并不是很复杂。先别急，在我们向村民说明问题，发放手册之前，来看看六种影响力会对这个项目产生怎样的影响。

第一种来源：个人动力

当麦地那龙线虫从患者身体中破体而出时，巨大的痛苦简直无法形容。患者不能捏住虫体往外拉，这样可能拉断虫体，导致它们从别的地方钻出或是造成严重的感染。因此，他们只能把露出体表的虫体缠绕在小棍上慢慢往外拉，这个痛苦的过程往往长达数周甚至数月之久。

要摆脱这种痛苦只有一个办法，就是把身体浸泡在水中。也就是说，患者的个人动力和关键行为"远离水源"的要求完全相反。如果不解决个人动力问题，影响力活动必然会失败。

第二种来源：个人能力

对于想法简单的人来说，只要解决动力问题就够了。例如，只要霍普金斯医生告诉村民染病的巨大痛苦，然后对他们说过滤用水可以解决问题，问题不就解决了吗？大错特错！霍普金斯告诉我们："水过滤是个技术活儿，做得不好反而事倍功半。"在过滤水源时，不少村民会毫不在意地把脏水四处泼溅，结果让清洁水源被污染，导致疾病继续传播。或者，在向瓦罐灌注清洁水源时，瓦罐底部可能带有少许脏水，导致过滤失败。这说明，村民必须经过培训才能提高个人能力。

第三种来源：社会动力

在向村民介绍如何消除疾病时，你发现大家对你的建议毫不理睬。这是因为你是一个外来者，不值得村民信任。虽然你和当地族长关系不错，但这里有三个部落，另外两个部落的族长和这位族长交恶，暗中抵制你提出的各种建议。如果不改变这些情况，你的社会动力就会出现严重的问题。

第四种来源：社会能力

要想取得成功，来自同一个社区的人必须互相帮助。面对传染病肆虐，没有人可以独善其身。要说有什么危机可以"攻城略地"，那无疑是肆虐的疫情。如果有人感染了这种寄生虫病，其他人必须帮忙为其打水。至于过滤用水，全村人都要齐心协力，对瓦罐取水进行过滤。如果不向他人寻求帮助，社会能力的作用就无法得到发挥。

第五种来源：系统动力

根据村民目前的经济条件（每天仅有当日口粮），患病的人也必须下地劳作，而劳动地点附近就有水源。也就是说，要想保证生存，他们必须为庄稼和牲畜取水，这样也会出现问题。

这就意味着奖励机制和三种关键行为相背离，患病村民要想挣钱就必须到接近水源的地方工作。如果无法解决这种冲突，他们（患病村民）养活家庭的同时会牺牲整个村庄的利益。不解决系统动力问题，你的影响力也不会持久。

第六种来源：系统能力

最后，当地人并不具备过滤用水所需的全部设备，无法保证在远离水源的条件下照顾患者。更糟糕的是，整个村庄的结构布局使人很容易接触公共水源。这一点对患者来说具有巨大的吸引力，一旦他们忍不住把胳膊或腿伸入水中，整个村庄的人都会被传染。因此，系统能力也是需要解决的问题，否则你的行动很难成功。

利用全部六种影响力来源

通过麦地那龙线虫项目分析六种影响力来源的作用，不难看出影响者在面对重大复杂问题时必须处理好每一个方面。遗漏任何一种影响力来源，你的努力就很可能化为泡影。截至本书写作时，全球仅剩下数十例龙线虫病例。这一伟大成就之所以能够实现，是因为霍普金斯及其团队帮助村民学习利用六种影响力来源，推动三大关键行为的积极实施。区区数人之功竟然可以改变上千万人的生活，消除医学界尚无对策的重大传染疾病，这项成就实在令人惊叹。可以说，征服麦地那龙线虫传染病的不是医学而是社会科学。

为了说明如何综合利用六种影响力来源，我们会在本书后面的篇章中介绍霍普金斯医生和其他影响者的具体做法，分析他们是怎样创造快速、深远和可持续的行为改变的。例如，我们会使用六种影响力来源改变错误的社会准则，降低退学率，改善安全工作环境。我们会让你提出自己的问题，带着这个问题阅读每一章的内容，然后自己制定解决问题的六种影响力策略。只要行动正确，我们可以保证你会像霍普金斯医生和其他成功影响者一样，顺利解决长期困扰你的重大问题。

友情提示

如果你读到某一章时灵感突现，感觉无须利用全部六种影响力来源也能解决问题，这也没什么不对。毕竟，我们大多数时候面对的都是小问题，例如怎样说服别人参加会议等，这种情况根本不需要全面利用六种影响力来源法。

  对于这种简单的影响力问题，你可以随意采用合适的某一种解决方式，看结果是否有效，并不是所有行为改变都需要利用六种影响力来源法来推动。当然，如果简单的解决方案无效，利用这个模型诊断和解决问题肯定会让你更容易取得成功。

| 第4章 |

帮助人们喜欢讨厌的事物
个人动力

勤者筹未来,懒人享当下。

——史蒂文·怀特

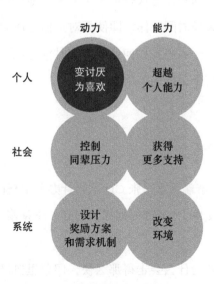

我们首先来了解六种影响力来源中的第一种——个人动力。这是一种非常

重要的影响力来源，它要解决的问题是"关键行为本质上是令人舒服，还是令人难受"。

首先谈个人动力是因为，影响者经常面对的第一个问题是好的行为让人难受，坏的行为让人舒服。比如，要消除可怕的麦地那龙线虫病，必须让300万患者忍住可以快速缓解巨大痛苦的做法——把肢体浸入水中。你怎么可能说服患者做到这一点？

其实，不只是消除传染病需要人们去做不喜欢做的事情，很多其他情况也是这样令人为难。我们面对的绝大多数棘手的影响力问题，以及我们经常无法实现的任务目标，都是因为正确的事情不好做而错误的事情很轻松，因此才变得越来越令人气馁。艾滋病的肆虐就是很好的例子，之所以难以控制，是因为导致它传播的性行为令人欲罢不能。同样，每年上万人在医院死亡是因为医疗工作者不愿频繁洗手。为什么会这样？很简单，一方面因为枯燥烦琐，另一方面是因为每天洗手上百次简直让人欲哭无泪，特别是用酒精擦洗干裂的手指，那可真是钻心的疼。纽约餐厅老板丹尼也不容易，他要想办法调动几千名员工的积极性，让他们每天长时间工作，即使面对蛮横无理的顾客，也乐此不疲。

我们真的能做到这一点吗？如何让别人心甘情愿地去做不愿做的事情？我们真的能帮助他人热衷于讨厌的事物吗？

泰瑞的故事

周二下午3：17，泰瑞手拿一张CD从会计办公室赶往迪兰西餐厅，CD上刻录的是公司的财务文件。[1]经理要她尽快赶到，于是泰瑞打开电脑刻好光盘，然后匆匆上路了。

泰瑞自己也不清楚为什么会走得那么快，印象里自己好像从来没有走得这么快过。她从小就喜欢慢悠悠地走路，对每个人都摆出一副"我是流氓，我怕谁"的姿态。就因为这个,她在监狱中度过了大部分青春期;就因为这个,她把酒吧里斜眼看自己的男人刺死,被判过失杀人罪。没错,她就是那种对谁都不在乎的人,谁也不能改变她的生活。

泰瑞为什么步履匆匆?自从她答应加入迪兰西餐厅以免在监狱服满最后五年刑期,时间已经过去快两年了。泰瑞每个学期都会参加迪兰西毕业典礼。这是一项隆重的聚会活动,旧金山地区的500名寄宿犯人全都会赶来,互相庆祝彼此取得的进步。在头两次典礼上餐厅表扬了泰瑞的成绩,她低头盯着地板一言不发,心里在想:"谁在乎我会摆桌传菜?搞什么破典礼?跟我有什么关系?"一阵热烈的掌声之后,泰瑞闷声不响地回到座位上,一脸满不在乎的表情。

可是上周似乎有些不同,大家谈到了她的毕业证书和即将升级做领班的消息。泰瑞向西尔伯特望去,对方正热情洋溢地介绍她取得的成绩。泰瑞就听了几句,心里突然涌起了一丝异样的滋味。这时掌声响起了,泰瑞抬头张望,正好和几位热情的下属目光交汇,她连忙低头注视地板。不知怎的,在返回座位的时候她感觉腿有些发软。"大概是饿了吧。"她小声嘟囔,然后抓起一块糖塞进嘴里。

走在返回餐厅的路上,泰瑞低头看看自己的腿,搞不明白为什么它们会快得不听使唤。她抬手摸了摸脸,就在那一瞬间面颊上竟然一片湿润。"这是怎么回事?"泰瑞居然流泪了!

让痛苦变成快乐

在经历变化的敏感时刻,泰瑞到底怎么了?我们还是让她自己来说吧。泰瑞告诉我们,她突然意识到自己能够感受到情绪,不再像以前一样满不在乎了。她为自己取得的成绩感到高兴,她在工作中找到了快乐。更重要的是,她学会关注别人了。她是这样说的:"我想了整整一下午,终于意识到我之所以哭,是因为我在乎。我在乎这份端盘子的工作,真的在乎!"

如果这是真的,泰瑞可以把以前厌恶的事情变成喜欢的工作,那么我们可以从中得到什么启发呢?比如,你有什么办法让儿子喜欢干家务?软件开发团队有什么妙计让大家喜欢工作,同时保证把错误率降到最低?你能想出什么办法让孩子像吃巧克力一样喜欢吃胡萝卜?

实际上,我们都会想办法"苦中作乐",不管心里有多讨厌要做的事情。心理医生斯科特·派克曾一针见血地指出:"自然而然的期望和行为,并不代表它们不可改变。从不刷牙也是正常的,但我们会迫使自己做到不正常。人性的另一个特征在于(或许正因为这一点才让我们更有人性),我们有能力去做不正常的事,去超越并改变自己的本性。"

对此我们要进行深入讨论。人类不仅会以不正常的方式行动,还会想办法让自己喜欢内心讨厌的活动。因此,医院里的洗手行为既可以是枯燥烦琐的举动,也可以是神圣伟大的动作;按时完成软件开发既可以是形式主义的规定,也可以是负责精神的体现;给宝宝换尿布既可以是令人恼火的苦差,也可以是其乐融融的亲子体验。关键问题是,怎样才能把关键行为变成后者而不是前者呢?

影响者通常采用以下四种方式帮助人们做到这一点。

(1)主动做出选择。

(2)创造直接体验。

(3)用故事打动人心。

(4)把苦差变成游戏。

试着改变下面的观点

劝别人放弃自己的看法是徒劳无功的。

——本杰明·富兰克林

为了研究影响者怎样解决缺乏个人动力的问题，我们来到麦迪逊广场公园的一家汉堡店。虽然很想点个汉堡吃，但我们的主要目的是来了解丹尼的这家餐厅是怎样维持居高不下的顾客好评的。

假设你是这家餐厅的经理，手下有个叫比夫的员工对客服工作不上心。你不但提醒、教导过他，甚至恳求他热情招待顾客，把桌子擦干净，或是通过其他方式改善顾客体验。可就在刚才你又看到餐厅里有五张桌子没有清理，而这哥们儿正端坐一旁忙着发短信。这时你会怎么做？想想看，如果要用一句话影响比夫，你会怎么说？

想想你要说的话，你在其中采用了哪种影响力方式？如果你和大多数人一样，这句话多半是抱怨、责备或威胁之词。通常我们在遇到类似比夫这种情况时，会想当然地认为此人对工作不负责。换句话说，我们发现的问题是他不喜欢这份工作，缺乏行为动力。在此基础上，我们经常不假思索地产生第二个念头，认为对方缺乏行为动力的原因是他们存在道德缺陷。

这样说似乎有些过分，但仔细想想的确如此。如果医生没洗手，我们会想："这家伙只顾自己方便。"同样，比夫没有招呼好顾客，我们会想："这个人太懒了。"我们不会认为问题的出现是疏忽造成的，而是和对方的性格挂上钩。顺着这个思路走，最后我们自然会采用唯一有效的手段对付这些"坏蛋"——强迫。

这种把他人错误行为归结为潜在性格缺陷的做法非常普遍，以至于心理学家专门给它起了个名字，即基本归因错误。[2] 这种观点认为，人们之所以具备特定的言行，是因为他们喜欢这样做。例如，"为什么前面那个傻大个要挡我的路""因为他就是这样的人，从来不考虑别人的感受，甚至喜欢故意这样做"。每当别人给我们造成麻烦或痛苦时，我们都会下意识地认为他们有自私的动机和不良的意图。

但影响者不会这样做，他们不愿认为别人的错误举动是道德缺陷导致的。

正相反，他们觉得出现这种情况可能是其他并不严重的原因。实际上，他们认为对方的错误行为是可以纠正的。在他们看来，对方的问题不是道德缺陷，充其量只是道德麻痹。因此，问题的关键不是这些人不会关心别人，而是在行为发生的那一刻，他们没有想到别人。

比如，我有一位邻居刚从心脏病手术中挺过来，怎么也不吃对身体有益的一种食物，这是因为他行事冲动，根本不考虑未来抚养孩子的问题。他这么做只是因为在这一刻没有想到当前行为和未来亲子关系的因果关系。同样，穿梭在患者之间忘记洗手的医生并不是不关心患者，可能是当时心无旁骛，只顾着检查病情或安慰家属了。

那么，如果比夫的问题不是因为道德缺陷而是道德麻痹，你该怎样把他唤醒呢？你该怎样在做出行为的关键时刻向其灌输道德的重要性呢（一方面知道自己只是在擦桌子，另一方面又能形成促进客服的自豪感）？

方法1：主动做出选择

> 从不拒绝的接受毫无意义，没有选择就没有承诺。
>
> ——彼得·布洛克

我们把"主动做出选择"列为四种方式之首是因为，它是实现其他影响个人动力方式的基础。强迫首先会代替动力，然后再消除动力。如果对方连拒绝的机会都没有，你根本不可能吸引他们做出承诺。

想想看，当别人试图消除你的动力时，你的反应是怎样的。在这种情况下，我们的第一反应是做出抵抗。在每个人的内心深处，我们都有保留个人意志的欲望。人类文明史曾多次证明，我们宁愿失去性命，也不愿放弃自由。无论对个人动力的侵犯意图是大是小，我们从来都不肯轻易放弃，让别人替自己做主。

这个概念从理论上不难理解，但在实践中往往和我们的原始冲动相违背。当他人似乎故意犯错时，我们的本能反应便是抱怨、责怪和威胁对方。

"比夫，给我擦桌子去！"

但是，这种依靠本能强迫对方按照自己意愿行事的做法很难起作用。实际上，我们越是唠叨责难，效果反而越差，对于已经习惯采用错误行为的人来说尤其如此。他们已经听烦了家人的说教、专家的辅导以及教会对其自私行为的批评。可那又怎么样？他们还是依然如故地继续自己错误的方式。

你真的以为长篇大论的说教会让他们发生改变？很多人，甚至包括不少专家的确是这样认为的。不信你打开电视，看看知名心理学家是怎样为各种有问题的人做辅导的。他们先是一番说明，然后引经据典，接下来义正词严地展开说教——哪怕观众根本就不买账。换个频道，你发现另一个心理学家也在兜售个人技巧。既然长篇大论不管用，那么不妨试试"亲情攻势"，让一大帮家人好友轮流驳斥、羞辱和恐吓当事人。嗯，这一招好像有效。

在这个方面我们每个人多少都有过体验，想想看你是怎样对别人"好言相劝"的。比如，你的大女儿每次回家参加活动都迟到，每次她一进门你都会来一句："哎呀，你可到了！"你的老公每次吃油乎乎的点心，你都会无比厌恶地瞪他半天。你的邻居骑车没戴头盔，你朝他大喊："摔个脑震荡一定很爽吧！哈哈！"然后大笑而去。显然，这些做法没有一个能有效帮助对方改变行为，但我们每次都故技重施。有人会说这样做简直是发神经，每次用同样的手段期望得到不同的结果，这难道不是有问题吗？其实，我们更倾向于把它理解为一种内心的绝望。换言之，我们非常想让对方改变行为，但自己只会程咬金那三板斧——抱怨、责难和威胁，除此之外再无良方。既然如此，那也只能每次故技重施了。

威廉的做法

> 我不是老师，而是唤醒别人的人。
>
> ——罗伯特·弗罗斯特

幸运的是，不是每个人都按照本性的驱使强迫别人做出改变。威廉·米勒博士就是这样的影响者，他找到了一种方法，无须说教就能帮助他人改变行为。他知道如何把灌输道德精神的说教者转变成道德麻痹状态的唤醒者。

米勒博士的重要发现是意外得到的。他提出了一个简单的研究问题："对于有行为障碍的人应当增加治疗，还是减少治疗？"他开始列举详细数据进行说明，然后得出结论：治疗时间的长短根本就不重要。这一下子引起了众多心理医生的反对。[3] 紧接着他又提出了一个问题："治疗方法之间有高低之分吗？"经过调查他发现采用哪种治疗方法也不重要。[4]

米勒博士的做法无异于砸碎了心理医生的饭碗，他们就是靠不同的治疗方法和疗程赚钱的。经过这番折腾，米勒无意中碰到一个有趣的发现，找到了的确和改变行为方式有关的特征。更准确地说，它和心理医生的所为无关，而是和他们的不为相关。

我们在前面曾举例说明，心理咨询有一个常见但并不准确的假设，即对峙可以诱发改变。米勒发现迫使别人面对内心的问题，尤其是他们的好友、同事和心理医生都厌恶的问题，并不能帮助解决问题。实际上，在一项研究中，米勒甚至发现对峙反而让酗酒者更加肆无忌惮地畅饮。这让米勒开始转而研究另一个方向：如果心理医生只是帮助患者表达内心的真实想法，而不是按照亲友的目标压抑自己，结果又会怎样呢？

带着这个问题进行研究，米勒发现帮助患者联系行为和内心动力最好的方式，莫过于停止对其思想和行为的控制。你应当以情感共鸣代替主观判断，以提问的方式代替空洞的说教，只有这样才能实现影响力。当你不再向对方强加个人看法时，双方对思维主权的争斗自然就会偃旗息鼓。

根据这一发现，米勒博士开发了名为动机面谈的影响力工具。[5]通过熟练使用开放式、非指示性问题，心理医生可以帮助患者自行得出结论，了解内心最关注的价值观以及在这种价值观下应当做出哪些行为改变。提出可激发思考的问题，然后让人们讨论，大家会自己发现哪些是必须要做的行为。在自我期望和个人信念的推动下，他们会自然而然地做出改变。

已经有数十项研究表明，米勒博士的方法能有效帮助人们了解内心价值，在坚守对健康生活的承诺的同时，有效面对和酗酒、抽烟、吸毒、艾滋病高危行为、减肥等相关的令人不快的关键行为。令人高兴的是，动机面谈并不是心理医生的专利。只要能把命令改为对话，管理者一样可以实现重大的行为改变，无论你的目标是安全生产，削减成本，还是提高生产率。

米勒博士带给我们的启示是，心志的改变只能是人主观选择的，而不能是外界强加的。人们只有在主观上做出选择之后，才能做出重大牺牲。例如，医疗人员几十年前就发现，如果让患者自己决定静脉注射的药剂用量，他们选择的用量要比护士提供的少很多。让人们自己选择，他们就会为选择负责。反之，强迫为之只会让他们拼命抵抗。如果护士不给患者用药，他们反而会追着你要。

Guidant医疗设备公司总裁金吉尔·格拉汉姆是通过一场生产危机认识到这一点的。[6]这家公司开发了一种新的心血管支架，销售量非常惊人。2002年4月，格拉汉姆在《哈佛商业评论》上发表了名为"If You Want Honesty, Break Some Rules"的文章介绍该产品。一夜之间，这款产品的需求猛增，远远超出了供应能力。但不巧的是，节假日马上就要来临，这让公司的生产压力骤然倍增。

公司发现，要完成任务需要安排每周工作七天，每天三班倒。格拉汉姆完全可以命令员工按规定上班，但她知道这样做毫无效果。一方面，这样安排工作会迫使员工放弃和家人相处的时间，对他们很不公平；另一方面，这样做会激起员工的反抗情绪，造成消极怠工。

格拉汉姆并没有这样做，而是在公司全体大会上表扬了大家付出的努力。她介绍了销售情况，朗读了医生来信，称赞他们的产品如何成功地挽救了患者的生命。她根据销售数据进行了推算，解释如果供应量不提高，市场需求的缺口会有多大。然后格拉汉姆提出了请求："我们现在有机会实现医疗行业历史上别人无法实现的重大成就。我们有责任面对挑战，如果你们愿意接受挑战，我们会尽一切力量保证假日工作期间的各种员工福利。"

不到半个小时，员工们列了一张清单，上面写的是希望公司提供的福利，其中包括购买和包装假日礼物，提供夜班班车，代理点餐等。通过这种方式，员工和公司建立了协定。很快，公司产量突破新的纪录，产品的及时供应有效地帮助了各个医院的患者。他们的销售额一个季度增长了三倍，员工得到了丰厚的奖金。

更重要的是，经历这件事的员工感觉自己参与了一件非常有意义、提升士气的活动。这一切都源自公司管理者的明智，因为她深知要完成如此非凡的任务不能靠命令和指挥，而是要激励员工自己做出选择。当你不再强迫他人接受你的选择时，你就可能赢得最强大的人类行为动力——心甘情愿，从而影响最难改变的错误行为。

因此，人类是可以热衷于不喜欢的行为的，前提是他们必须自己做出选择，在心理上能坦然接受。

方法 2：创造直接体验

读万卷书不如行万里路，观察和体验所带来的收获远远超过遵规守律带来的收获。

——托马斯·阿坎贝

前面说过，帮助人们获得更大个人动力的第一个方法是用个人选择代替发号施令，因为后者只会让他们失去动力。在此基础上，我们回到前面医生和餐厅员工的案例。很明显，如果让他们自己做出选择，结果一个是不洗手就检查患者，导致细菌传播；另一个是闲坐偷懒，假装看不见顾客。这该怎么办呢？

如前所述，人们之所以经常做出错误的选择，是因为他们喜欢错误行为带来的短期利益，忽略了正确行为的长期利益。这就好比巧克力和中风的对比，人人都喜欢吃巧克力，可是现在没有几个人会担心40年后由此可能罹患的疾病。谁叫它如此美味呢？

要帮助人们了解、感受并接受个人选择带来的长期影响，最有效的方式是让他们亲自尝试和体验。正如阿坎贝所说的那样，读万卷书不如行万里路。在这个方面，影响者能有效地帮助人们进入真实世界，体验个人选择带来的后果。

例如，医疗安全专家唐·贝里克医生曾在哈佛大学为全球知名医疗系统总裁举办过论坛活动，参加论坛的都是研究医疗安全问题的专家。在活动中，这些管理者喝着咖啡，记着笔记，讨论着如何改进医疗安全，怎样消除医疗事故，整个会场的气氛轻松融洽。尽管在思想交流上或许有些帮助，但贝里克很清楚这种交流方式根本不会对任何人产生影响。每次开完会回到医院，高管们都是应付差事，给各部门发个邮件通知就算完成任务，根本不会带来什么实质性的改变。

贝里克说："不知怎的，我突然冒出一个想法，对他们说：'下个月来参加会议时，找一个在你们医院受伤的患者，调查他们是怎么受伤的。不要让下面的人去办，你们必须亲自了解情况，然后向我汇报。'"

其实贝里克也不清楚结果如何。这些管理者会完成任务吗？汇报的是各种枯燥的表格数据，还是令人警醒的深刻发现？这一切都有待揭晓。

活动的结果让贝里克自己都没想到。他说："这可真是太难以置信了！你能想到吗？这群西装革履、平时难得到基层走动的总裁，说到患者的经历时全都哽咽不已，当场垂泪。他们一直以为医疗事故是别人的事，跟自己毫无关系，但现在才发现真相有多么惊人。"对医疗安全问题形成深刻的切身体会之后，很多管理者一改以前的做法，开始把患者安全作为医院的长期关注目标。

为什么会出现这样的改变？和其他影响者一样，贝里克坚信问题的根源并不是管理者缺乏道德意识。要知道，他们也是某人的丈夫、妻子或兄弟姐妹，也是有能力关爱他人的人。只不过，医疗行业的琐碎工作堵塞了他们和患者沟通的机会，使他们没有机会了解员工的错误行为给患者造成的痛苦。患者的痛苦和医院的失职行为在他们眼中只是冷冰冰的数字、统计和报表，虽然能说明情况，但是根本无法引发个人感受。这时贝里克该怎么做呢？

贝里克觉得，只有医院高管亲自接触患者，感受到当前错误行为给他们造成的巨大伤害，他们才会真正关注这个问题。只有把冷冰冰的数字变成具体的姓名，把枯燥的统计变成活生生的面孔，把无情的报表变成患者的陈述，问题才会最终得到解决。只有这样，抽象的概念才能转化为道德行为的提升。

了解了这一点，我们就不难发现直接体验是调动个人动力的金科玉律。也就是说，你必须让人们亲自感受、观察和接触事物。在对影响者进行研究的过程中，我们发现他们非常善于帮助别人形成直接体验——对个人选择行为后果的直接体验。事实证明，只要做到这一点，他们就会发生改变，开始对新的行为产生不同的感受。

像影响者一样行动

麦克是 TI 汽车公司总经理，他希望在公司积极推动安全生产活动。为此，他组织了一个工作小组进行实地考察。他们来到一位因公致伤的老同事家中，这位同事依靠残疾金生活，日子颇为艰难。

他们花了一整天时间，为同事的活动房屋修理顶棚，给孩子安装了秋千，在院子里铺设了草坪。通过实地考察，大家切身体会到忽略安全生产带来的惨痛教训。这一天的义工活动不但帮助了老同事及其家人，而且坚定了管理者推动安全生产的承诺。对这家公司来说，安全原则已经不再是写在纸上的规定，而是变成了每个人要践行的道德承诺。

鼓励人们做出尝试

获得直接体验是一种非常有效的方式，它能帮助人们认识行为的真正影响，最终推动实现关键行为的道德意义。实地考察可以帮助你获得直接体验，通过这种方式了解行为的意义能让你直观感受到行为的结果。和高谈阔论（这种方式收效甚微）有所不同，它能让你认识到行为带来的深刻变化。你可以感受到错误行为带来的痛苦，这些都是创造个人动力的有力手段。

此外，个人体验还能有效消除采用关键行为时的恐惧感。在鼓励他人形成直接体验时，如进行实地考察，和长期保持错误行为的人当面沟通等，让他们迈出第一步是非常困难的。这里面有几个原因，其中一个原因是人们总是倾向于抵制新的行为。因为他们很清楚这样做会有哪些损失，但并不清楚由此可以带来哪些收益。实际上，只要一谈到变革，人们往往会下意识地夸大坏处，贬低好处。因此，我们并不建议采用口头承诺的方式推动变革（因为很有可能是违心的）。

另外，我们非常不善于预测面对新情况时的感受，从而使我们的认知缺陷变得愈加严重。比如，我们总是很难预测哪些东西会使自己更快乐。

丹尼尔·吉尔伯特是一位成功的心理学家，他出色地证明了人类对喜好厌恶的判断有多么不靠谱。[7]例如，很多研究对象坚信每年多挣3万美元会让他们觉得更快乐，同时认为每天散步半个小时是件无足轻重的小事。吉尔伯特通过研究证明，实际上增加收入带来的快乐和每天散步带来的快乐根本无法同日而语。

可以说，西尔伯特博士每天都会遇到这种判断失误的情况。她的工作就是让迪兰西公司的员工尝试那些对他们来说极为痛苦、无聊或两者兼而有之的事情。例如，习惯犯罪生活的人根本不知道守法生活是什么感觉。在描述这种感觉时，他们显然会出错，认为它不过是每天枯燥无味工作的重复——每天冲洗厕所哪有街头犯罪或吸毒来得过瘾？显然，他们根本无法想象在守法生活中人们通过职位晋升、成家立业或其他种种活动得到的巨大快乐。

西尔伯特可以每天像念经一样宣传迪兰西公司的愿景："相信我，你们一定会热爱自己的新生活。等离开这里时，你们会拥有高中文凭，能认字读书。你们会参加音乐会，参观博物馆。你们会掌握两三种手艺，尝试各种新事物，有一帮新朋友。快来加入我们吧！"

没错，但是想让人接受这些话并不容易，因为它只是口头的宣教，对对方来说很可能是对牛弹琴。要知道，你描述的一切都是他们根本没有体验过的天方夜谭，怎么可能指望他们爽快地做出牺牲（放弃帮派、毒品和毫无限制的自由）并改变行为呢？

这样做肯定行不通。

西尔伯特意识到了这一点，她发现新员工需要一段时间才能亲身体验新生活的好处。对此，她解释道："拿到高中文凭之后，我们会为员工提供旧金山州立大学的两年制大专课程。有些人还拿到了学士学位。不过一开始他们非常讨厌学习，因为这需要很强的自律意识。我们陪他们参观博物馆，欣赏歌剧和戏剧。你都想不到他们那个难受劲儿，死都不肯去。可是我每次都坚持，对他们说：'你可以不喜欢歌剧，但还没试过怎么知道喜不喜欢？'这么说吧，这帮家伙什么都讨厌，可你知道吗？他们也什么都没尝试过！"

西尔伯特坚持不懈，要求员工去上课，听歌剧或是辅导其他学生。以往的经验告诉她，只要他们不断尝试新的行为，最终员工会逐渐喜欢上它们。也许他们不会成为歌剧迷，但超过 90% 的人会喜欢上以前从未想象过的很多行为。

西尔伯特坚持让员工努力尝试，直到每一个人都像泰瑞那样，突然有一天发现以前毫不理解或毫不关心的东西会让自己感动。她告诉我们，实际上，这种情况在迪兰西公司的每一个人身上都发生过。这种变化深刻而细微地改变着他们生活的方方面面，直到有一天让他们惊奇地意识到自己和当初走进公司的那个人判若两人。他们变成了连自己都想象不到的人，这种改变对他们来说至关重要。现在他们学会了关注，能够从工作中感受到成就，体验到了守法生活带来的内在满足感。这一切都源自西尔伯特那句温暖的鼓励——"试试才知道"。

方法 3：用故事打动人心

创造直接体验，这种方式的问题是很难为每个需要影响的人创造体验。如果你没多少资源和时间，又要解决个人动力问题，影响者会怎么办呢？再说，并不是每个人在听了你的"试试才知道"后，就会采取行动。如果别人不听劝，他们是不会按照你的建议创造直接体验的，这时你的做法无异于鸡同鸭讲，这又该怎么办呢？换句话说，在言语规劝和直接体验之间有没有可行的影响方式呢？

像影响者一样行动

做好工作很不容易,否则就不叫工作了。很多年轻人不喜欢工作,但是通过大胆尝试,他们很快改变了想法。

本书的一位作者有几个正在读高中的侄儿、侄女,有一次去犹他州帕克城和他们一起过暑假。帕克城夏天很好玩,有很多骑车郊游的地方,不过作者给孩子们定了个规矩。要想去山里玩,他们必须完成每周 40 小时的工作。这是一份义工工作,孩子们要照顾受伤的老兵和残疾儿童,具体工作包括在墙顶固定绳索,帮助残疾老兵做攀岩训练等。

这些高中生一开始很不乐意做义工。不过经过一周的尝试,他们很快转变了想法。他们了解到该行为的积极意义,喜欢上了由此带来的成就感。

校园实验

要回答这个重要问题,我们要介绍一下研究影响力原则的重要学者阿尔伯特·班杜拉博士。[8] 班杜拉对影响力学做出过很多重要贡献,其中之一是 20 世纪 70 年代对恐惧症的研究。他的观点有效地改变了那些对目标缺乏动力甚至极为恐惧的实验对象。

阿尔伯特·班杜拉在研究这个课题时,当时流行的治疗方法是心理分析法。这种方法认为,恐惧症源于人类童年时代的某段特定经历,只有慢慢还原这种经历,才能解决问题。但是班杜拉却有不同的看法,他认为回忆过去没有帮助,应当采用更为直接的方式在现实生活中创造富有影响力的直接体验。

为了研究这种新的影响力理论,班杜拉决定以恐惧症作为实验目标。因为恐惧症患者具有强烈的抵触心理,不接受任何与其认知不符的规劝。班杜拉发现,使用语言无法说服他们,因为他们不信任你,根本不会听从你的建议。他们要么认为你不怀好意,你的建议不起作用;要么不信任你的能力。即便你的初衷是好的,但你的想法不对,也会让他们陷入纠结。总之无论如何,言语说服对他们没有任何效果。

为了寻找新的影响手段,班杜拉在《帕洛阿图新闻报》上打了一份广告,请非常怕蛇的人到心理学系地下室接受治疗。他本以为会有几十人来,没想到吸引了数百人参与活动。这些人全都对蛇具有病态性的恐惧,大多数会做噩梦,不少人一看到蛇会吓得走不动。因为甚至害怕毫无伤害能力的束带蛇,这些人经常受到嘲笑和讥讽。看来,这么多人来接受治疗是有原因的,他们已经感到绝望了。

和其他优秀的影响者一样,班杜拉首先确定了任务目标以及衡量目标的方式。他表示,成功治疗意味着实验对象必须把一条近两米长的蟒蛇放在自己的大腿上。这可真够绝的!

实验开始了,大家谁也不敢走进饲养蟒蛇的房间。实际上,仅是班杜拉对治疗方法的一番描述已经让好几位实验对象吓昏了过去。

面对这种场景,班杜拉并没有跳出来强迫大家进入房间,而是提出各种方案让大家选择。如果选择退出,他们可以马上就走;如果大家觉得无法接受,他可以调整"治疗难度"。总之,每个实验对象随时都有选择权。

接下来,班杜拉提出了"中间式"影响策略,让实验对象观察他的助手是怎样与蛇打交道的,以此建立间接体验。他请实验对象站在房间门口观察,如果还是害怕就让他们隔着玻璃窗观察。只见那位助手走进房间,看看蟒蛇,打开饲养箱,轻拍蛇身两下,然后抱起它放到了自己的大腿上。

完成观察之后,班杜拉开始邀请实验对象完成同样的动作。一开始大家只敢走进房间,即便如此,还是有人不放心。有人要求穿戴保护装置,从曲棍球守门员手套、棒球手套到护胸和面具全副武装,穿得像日本武士一样慢慢地挪到饲养箱旁边。经过几次小心翼翼的尝试,他们终于打开饲养箱,然后马上退回到墙角。看到蟒蛇一动不动,他们总算松了口气,靠上前去轻轻摸了一下。

后来发现蟒蛇很温顺，有人开始摘下手套抚摸。最后，终于有人坐了下来，把长长的蟒蛇放到了自己的腿上。

这个过程真可谓是奇迹，从开始到结束只用了三个小时。原来对蛇怕得要死的人，一个上午就得到了彻底改变，而且这种改变将会伴随他们终生。一旦恐惧症患者和蛇经历过主动接触，这种恐惧感马上会烟消云散，让他们的人生从此完全改变。

班杜拉博士对此是这样形容的："看到实验对象摆脱恐惧症后如释重负的样子，我们感到非常惊讶。他们的恐惧症突然消失了，从此再也不怕蛇了。更重要的是，此举还帮助他们变得更加自信，相信自己有能力做出改变。既然能克服对蛇的恐惧，生活中还有什么其他问题无法面对呢？"

刚才实验中采用的影响力技巧非常值得关注。一开始在创造直接体验时，根本无法说服实验对象进入有蛇的房间，但是他们后来选择了观察别人与蛇共舞的方式。对于这种恐惧症而言，观察别人的做法犹如自己的亲身经历一样真实。实验助手就在他们眼前行动，一切真实得令人无法抗拒，这种体验简直感同身受（很多人都紧张得满头大汗）。简而言之，班杜拉找到了一种中间式的影响策略。他确定了创造间接体验的方式，利用这种方式可以帮助实验对象形成直接体验，最终克服恐惧症。

怎样让故事更有影响力

> 多年来的经验告诉我，只有拨动人们心弦的故事才能打动我们，并最终促成行为改变。不会讲故事的领导者，其个人或公司都有可能遭遇失败的风险。
>
> ——约翰·科特

尽管班杜拉博士成功地证明了间接经验也能帮助他人了解事实真相，我们还是有些心存疑虑，在没有研究团队和大学机构的支持下，普通人能否使用这种影响力方式呢？

唐·贝里克医生是我们在前面提到过的一位影响者，他的目标是拯救十万名医院患者的生命。贝里克站在讲台上，经过一上午的会议，他看到下面的医院管理者都有些无精打采。贝里克的做法和别人不同，他不是来宣讲的，而是来影响别人的。他要看到的是听众做出不同的行为，确保他们和医院同事避免医疗事故对患者的伤害，最大限度地拯救生命。在有限的会议时间里他无法让800多位听众调查医院对患者的伤害，这时他想到了讲故事——乔希·金的故事。[9]

乔希·金是个喜欢跳舞的小姑娘。她一岁半，有棕色的眼睛和浅褐色的头发，刚刚学会说"我爱你们"，是个特别可爱的女孩。2001年1月，乔希不小心跌入装满热水的浴缸，身体被严重烫伤。父母马上把她送到约翰·霍普金斯医院儿科ICU病房。乔希恢复得很快，这让她的父母松了口气。后来，她被转移到普通看护病房，医生说再有几天她就可以出院了。

就在这时，乔希的妈妈发现了一些问题："每次她一看到喝的东西都会哭着要，我觉得很奇怪，但是医院对我说不能给她水喝。护士和我给她洗澡时，她会贪婪地从洗澡巾上吸水喝。"妈妈对护士说乔希很口渴，让她给医生打电话说明情况，但护士向她保证一切都很正常。妈妈又让另外一位护士对乔希进行检查，这位护士同样表示没有问题。

那天晚上，乔希的妈妈给医院打了两次电话，第二天早上5：30就匆匆地赶到女儿的病床前，结果发现乔希已经出现病危症状。"我抚摸着她的小脚，但乔希的心跳已经停止，瞳孔放大。我拼命呼喊求救，一群医生、护士跑进病房。过了一会儿，有人把我扶进一个小房间，里面有一位牧师。"就在预定出院日期两天前，乔希因口渴而死。尽管她的妈妈多次向医护人员求助，但是这个可爱的小女孩还是因为滥用麻醉药和脱水而死。

这个医疗事故不是冷冰冰的数字，它有鲜活的面孔，有姓名，更有刺痛人心的情节。这才能达到影响他人的目的，才能有效说明要讨论的主题。

影响者的做法

可是，如果我们是贝里克医生的听众，可能会心存疑虑，不知道一个故事的影响力能持续多久。显然，故事引发的情绪反应是很短暂的，我们都有过这样的体会。参加完激动人心的会议之后，我们有强烈的愿望要把所学付诸行动，可几个小时之后，这种感觉就会慢慢消失。

尽管推动行为改变仅靠讲故事还不够，但如果和其他影响力手段结合使用，讲故事也可以成为推动影响力实施的重要工具。实际上，在行为科学研究历史上，最有说服力的现场实验已经证明了这一点。1993 年，玛莎·史威就是通过讲故事的方式改变了一个国家的人民的行为。

史威是坦桑尼亚国家电台的节目制作人，她的目标是改变同胞的行为，从而巩固家庭，改善妇女命运和避免艾滋病感染。对她来说幸运的是，电视机在坦桑尼亚还不普及，作为电台节目制作人，她可以通过无线电波把声音传递给数百万人。她会怎么做呢？

史威首先聘请了最好的小说家。他们请来娱乐教育专家大卫，教他们如何利用讲故事的方式最大限度地发挥影响力。史威很清楚面对的任务有多么艰巨，因为她要影响的对象对男女关系以及艾滋病的传播和治疗存在极深的误解。例如，在这个国家很多人认为和处女发生关系可以治疗艾滋病。

一切准备妥当要推出节目时，麻烦出现了。由于政府方面的原因，该节目被禁止在坦桑尼亚中部的多多马地区播放。或许是碰巧，这一事件居然成就了社会科学研究的一个成功的对比案例（我们会在后面说明）。

1993 年她们的节目《与时俱进》(*Twende na Wakati*) 正式开播。[10] 为说明艾滋病的病因和影响，节目编剧塑造了一个狂妄、大男子主义和极富争议的人物——卡车司机莫卡居。这个人虐待妻子，一心只想要男孩，经常酗酒，和路边的妓女胡搞，而且从不使用安全套。他的妻子图图（女性独立的象征代表）最终离开丈夫，通过经营小生意实现了自己的人生。

经过几个月的广播，胡作非为的莫卡居（最终死于艾滋病）激起了坦桑尼亚听众的巨大愤慨。有一天，为这个角色配音的演员去市场买菜，没想到说话声音被村民认了出来，结果他被人鄙视，甚至让不少妇女扔了满头的青菜。

为了解该节目直接引发的情绪和行为影响，我们来到坦桑尼亚首都郊外进行访谈调查。在接受采访的家庭中，有一个家庭有父亲、母亲、祖母、姨母和五个成年子女，他们每天都收听这个节目，被故事内容深深感染。在问到节目对他们有哪些影响时，父亲说一开始挺羡慕司机莫卡居，但后来才发现他肆无忌惮的行为给妻子和孩子造成了巨大的伤害。

收听节目几周后，这位父亲开始同情故事里的每一个人物。有一天听到女主人公图图遭到丈夫酒后毒打，这位父亲突然醒悟，原来他也经常虐待自己的妻子。虽然不像节目中的卡车司机那样胡作非为，但这位父亲也经常酗酒，所以他身上也有莫卡居的影子。从那之后，这位父亲再也不酗酒和打骂家人了。乍一看，目标对象通过虚构的广播节目完成自我转变，这一点似乎有些令人意外。但听完父亲的讲述之后，这一家人都点头表示肯定，这说明他的确发生了改变。

这段叙述以及我们对其他家庭的访谈，充分说明该节目不只是一个感人的故事，它进一步创造了深刻的高度可信的间接体验。它不仅能引发情绪，而且可以改变思想。它影响了人们在做行为选择时的道德权衡，最终帮助他们实现了持久性变革。[11]

但是，除了主观陈述，有没有客观数据可以证明这种影响力的作用呢？答案是肯定的。这么说是因为，该节目是有史以来首次进行的全国性对比实验。因为该节目在多多马地区无法收听，研究人员可以对比不同地区人群的行为反馈。调查发现，1993～1995年，坦桑尼亚各地都举行了不同形式的艾滋病预防活动，但其中只有一半地区能收听到该节目。

在获奖作品《抵制艾滋病：传播策略在行动》一书中，著名社会科学家、作者埃弗雷特·罗杰斯和阿文德·辛格哈尔称，在收听广播的地区有1/4的人对自己的行为方式做出了重大改变以预防艾滋病，他们表示是该节目促使他们发生了变化。这种影响力是如此显著，以至于他们两年后不得不停止对比实验，以便向坦桑尼亚全国进行推广。不到一年，他们在多多马地区也观察到了同样的结果。

罗杰斯和辛格哈尔以翔实的数据证明，向实验对象传播富有感染力的故事，不但会影响他们的想法和情绪，而且能改变他们的行为。事实证明，和不收听节目的人相比，经常收听该节目的人更乐于咨询婚姻顾问，更注重计划生育，对配偶更忠诚，而且更注意安全性行为。

变革推动者不是只在发展中国家利用讲故事的方式为目标受众开发间接影响模式。各位读者可能不清楚这种方式在美国的成功应用。在向非洲输入系列广播剧之前，大卫（人口交流国际组织创始人兼前总裁）遇到了诺曼·李尔。李尔是一位著名的情景喜剧制作人，作品包括《全家福》和《茂德》。为了降低人口增长率，大卫、李尔和当时其他一些制作人开始在他们的节目中有意灌输计划生育信息。

1972年约有41%的美国家庭收看上述情景喜剧，在其中一集（《茂德的麻烦》）中，扮演中年妇女的女主角称正在考虑堕胎。[12] 实际上这个情节并不是什么巧合，而是制作人有意安排的。当时，这是美国历史上首次在黄金时段播出如此富有争议的话题，目的就是要唤起人们对计划生育的重视。无论你是否接受，这些都是利用感人的故事设计系统化的方案，最终推动社会变革的影响力案例。当年的民意调查结果表明，这些电视制作人的确实现了目标，他们的很多同行也是通过讲故事的方式推动了很多变革项目。

比夫的案例

讲故事不只应用于电视和广播节目。我们曾多次观察影响者如何通过讲述感人故事的方式，帮助人们面对问题并做出重大行动选择。无论从事的是哪个行业——医疗、信息技术、金融服务、制造业或通信业，我们发现能在组织机构中有效推动行为改变的管理者都非常善于讲故事。

像影响者一样行动

在对加纳金矿运输司机进行调研时，安全经理让大家回忆曾经经历过的事故或危险遭遇。他给大家10分钟时间准备，然后让他们讲述具体的经过。

有人举手问道："我能说吗？""当然可以，你的故事有标题吗？"那位司机摘下帽子，低头看看手臂说："标题是一个撞死邻家女孩的人。"刚一说完，只见他的泪水夺眶而出。故事会的主题马上从法律问题变成了道德问题的讨论。

在联合广场酒店集团旗下的餐厅进行调研时，我们想看看这个结论是否成立。因为像擦桌子、迎宾客这样琐碎的工作，似乎无法用调动情感共鸣的方式诱导行为改变，难道不是吗？

结果我们发现在这里讲故事也是管理者的必备能力。我们在前面说过丹尼的员工帮助顾客找回钱包的故事。实际上，这种事每天都在发生，丹尼也绝非唯一会用故事影响员工的管理者。

回到之前比夫的案例，如果他在这里缺乏关键行为的能力，管理者会怎么做呢？他的主管会走过来对他说："比夫，刚才有个年轻的妈妈带着三岁的女儿进来。她把女儿抱到椅子上坐稳，自己去点餐。妈妈刚一转身，那个小姑娘就用手在桌上来回蹭，沾满了前面用餐的顾客滴落的番茄酱，然后把手伸到嘴里去舔……"

话还没完,比夫已经听不下去了,抓起抹布过去清理起来。

为什么会这样?因为主管通过讲故事建立了情感共鸣。这位主管很聪明,她不用唠叨的说教去抱怨、责难或威胁,而是创造间接体验,通过讲故事的方式让比夫感同身受,唤醒他的道德意识和行动。这种方式要高明得多。

可能有人会问,那有没有办法让比夫变得更加积极,成为热衷客服的模范员工呢?当然有!我们会在后面的章节中慢慢道来。影响者和普通人的区别在于,当发现别人缺乏关键行为的个人动力时,他们不是关注表象,而是从根本上解决问题。他们坚信人们犯错不是因为他们存在道德缺陷,而是因为他们的道德意识没有被唤醒。因此,在需要的时候他们可以通过讲故事的方式帮助对方形成间接体验。

方法 4:把苦差变成游戏

> 每一份工作都蕴含乐趣,找到了乐趣,工作就会变得快乐轻松,变成一种游戏。
>
> ——《欢乐满人间》

还有一种方式可以把平淡无味或令人厌恶的关键行为变成让人喜欢的活动。在改变别人的行为时,如果前面的方法都尝试了,但对方还是缺乏动力该怎么办呢?想想看,生活中人们每天要从事很多不同的活动,其中有些活动看起来既无吸引力又缺乏回报,可还是有人乐此不疲,这里面有何窍门呢?

我们发现,刺激个人动力的力量并不是活动本身,而在于行为人为自己设定的不断提高的目标。克莱蒙特大学研究员米哈伊·奇克森特米哈伊一直致力于研究"心流"现象,即行为人沉迷于某种活动时体验到的愉悦感。[13] 他认为,这是每个人都要努力寻求的感受。

奇克森特米哈伊博士发现,只要有设计合理且充满挑战性的目标,再加上清晰频繁的反馈,任何活动都能变得充满吸引力。这些要素能把枯燥乏味的工作变成令人心动的游戏,让参与者欲罢不能。这就好比一场篮球赛,如果没有记分牌,观众会有兴趣吗?场上的运动员会积极投入吗?肯定不会!由此可见,想把令人生厌的行为变成令人投入的活动,只要将其游戏化,就能达到目标。

我们来看看激动人心的游戏有哪些要素。

(1)比分。比分可以提供清晰频繁的反馈,激励人们在活动中取胜,进而产生极大的满足感。如今很多电子游戏的设计都采用了奇克森特米哈伊博士的研究结果。游戏中的行为虽然高度重复,但令人爱不释手,不断通关是激励玩家行为的重要原因。

(2)竞争。数字体现的不仅仅是信息,更重要的是其中蕴含的意义。例如,数字可以说明你的表现是否比以前更出色,是否比别人更出色,这一要素虽然更为可疑(会导致对对手的病态敌视),但竞争,特别是针对自己的竞争,往往能有效激发满足感,使人易于承担高度重复性的工作。

(3)持续改善。走进健身房,你会看到墙上总是挂满各种表格。走近观察,上面记录的是每个会员的健身数据。有些表格记录的是体重变化,有些记录的是体型变化,还有的记录的是健康指数、骨密度、静态心率等各种其他指标。

健身专家在解释这些数据时经常会提到"斜率"这个词:"实际上数据不如整体斜率重要,后者能体现出你的变化方向。健身带来的变化可能不如你想象得那么快,不如一开始时那么明显,但只要是朝着正确的方向变化,时间最终会为你带来期望的目标。"同样,利用持续改善的方法也可以把饮食管理变成游戏，让你更好地改变自己。

（4）控制。最后，游戏设计者要确保参与者能控制自己赢得的分数和奖励。在工作中，如果个人或团队工作得非常努力，但整个部门或公司的表现不甚理想时，管理者往往会忽略这一要素，导致员工不再重视个人贡献。管理者必须避免这种问题。你应当设计并记录每个员工可以完全控制的指标，让他们看到付出努力带来的影响。对很多人来说，这种影响要比工作本身带来的回报更诱人。

总结：个人动力

我们经常忽略关键行为，是因为它能带来的收益太遥远，不像当前错误行为那样马上就能带来直接回报，显然后者要比前者更容易激发个人行为动力。和需要长期坚持的关键行为相比，错误行为的好处在于真实、刺激，能马上带来回报。其负面影响比较模糊，总的来说，也许现在不算太糟，但未来会让人付出代价。要改变人们的错误行为，影响者应帮助人们主动做出选择，创造直接体验，用故事打动人心，把苦差变成游戏，通过这些方法让他们积极采取以前厌恶的行为。

| 第 5 章 |

帮助人们做到无法做到之事
个人能力

有趣的是,训练越刻苦,我的运气就越好。

——阿诺德·帕尔默

在第 4 章,我们介绍了利用个人价值和情感影响关键行为的策略。下面要

介绍的是第二种影响力来源——个人能力。很多人做事反复无常，经常会忘记这一重要的影响力来源，就连企业管理者也不例外。比如，公司领导经常让员工参加领导力课程的短期培训，给他们灌输各种理论、模型和案例，但是员工回来之后根本就不会实践。究其原因，管理者总是错误地认为"知"和"行"是一回事，既然接受了培训，就肯定能做好管理，实际上并非如此。很多参加培训的人回来之后，只能把很少一部分所学内容进行应用。如果管理者和培训设计人员过于关注动力而很少提供改善行为能力的机会，行为改变也很难发生。[1] 相反，这种情况往往会招致人们的憎恶。

影响者的做法则恰恰相反，他们会努力帮助人们提高行为能力。这样做能有效地实现平衡，避免过度强调行为动力而忽略对行为能力的关注。

从亨利说起

能力问题并不是由于缺乏行为动力造成的，要了解这一点，我们来看看亨利的故事。亨利自从开始工作，每周都要在餐厅吃两次饭，每次都是胡吃海塞，结果很快像吹气球一样胖了起来。现在，他正努力想要减掉50磅○的体重。他加入了一个减肥小组（一方面为了控制保险费，另一方面为了寻找安慰），不过效果并不明显。准确地说，亨利有一个坏习惯使他很难采取减肥这个关键行为，他总喜欢拿巧克力而不是胡萝卜当零食吃。你看，他刚刚打开一包两磅重的巧克力吃了起来。亨利对此振振有词，他说巧克力不是自己买的，是一位同事给的，已经在桌子上放了整整一个星期。

几分钟前，亨利拿起巧克力掂量一下，想看看两磅重是个什么概念。拿起来之后，他看到外包装和里面的锡纸没粘牢，露出了一条缝隙，就好像里面的巧克力随时会掉出来。透过外包装向里面看，只隔着一层薄薄的红色锡纸就是

○ 1磅 ≈ 0.454千克。

令人垂涎欲滴的美味巧克力。

　　亨利有意无意地拨弄着外面的糖纸，没两下巧克力便掉了出来，接下来的几秒，时间简直停止了。亨利仿佛机械一般地剥开了锡纸，露出丝滑的巧克力。就在那一刹那，尽享巧克力美味的童年回忆一下子涌上他的心头。他小心翼翼地掰下一块——不，那不是糖果，是慰藉心灵的快乐！亨利心满意足地把巧克力送进嘴里。他的雄心壮志马上就化为了泡影，用不了多久，巧克力中的可可、脂肪和糖就会变成他肚子上新增的肥肉。

　　问题是，亨利在偷偷享受美味巧克力的那一刻，心理上感到无比低落。嘴里嚼着糖果，每吃一口他都感到自己缺乏意志力，破坏了订好的节食计划。这可真是个没有魄力和克制力的家伙、一个意志软弱的人。可是，在陷入深深的自责之前，他也曾坚定地制订节食方案，努力控制热量摄入。亨利成功地坚持了整整八天，没想到最终被一张鲜艳的糖纸打败了。

　　亨利想知道自己能否战胜这种基因缺陷。他缺乏坚持节食的自律能力，而且懒得通过运动减肥，这不是注定要"肥死不可"吗？其实亨利错了，他并不知道很多研究结果表明肥胖并不是无法改变的。他完全可以学习如何抵制巧克力带来的诱惑，以及如何合理地改善自己的运动能力。

　　实际上，亨利成长过程中的很多认知也是错误的。妈妈曾说过他成不了演说家，爸爸觉得他无法胜任管理工作，亨利从小就认为自己不是块"好料"。他运动不行，后来发现搞音乐也不行，人际交往能力更是糟糕。再后来，他发现自己擅长乱花钱、打游戏和吃巧克力，在这些方面他"很行"。但是这些都无法改变亨利，因为他和我们一样，所有的缺陷都是基因注定的。

　　幸好亨利的想法大错特错。用斯坦福心理学家卡罗尔·德韦克的话来说，他陷入了一种"固定式思维"。[2] 如果他认为改变是徒劳无益的，那么他压根就不会去尝试，进而炮制出一套自我满足的借口。所幸基因并不像学者以前认为的那样，会对我们的行动力、思维敏捷度和自律能力造成必然的影响。学者和专家所称的基因天赋或生而具备的品质特性，其中的特征其实是后天习得的，跟我们学习走路、说话、吹口哨并无二致。也就是说，亨利完全不用"认命"，而是要采用德韦克所说的"成长型思维"方式，学习影响者如何开发高级学习的能力和技巧。换言之，他要学习的是如何学习。和很多人一样，亨利也是天生的"好料"，他只是不知道该怎样挖掘自己的潜力而已。

为说明这一点，我们来看看研究人员长期以来是如何寻找自律能力的特质的。这是一项非常值得研究的性格特征。想想看，如果你能抵制巧克力香味的诱惑，对窗外小伙伴的嬉闹声充耳不闻，能够静下心来自习（拥有"延迟满足"的能力），这不是潜在性格特征的体现又是什么呢？

哥伦比亚大学教授沃尔特·米歇尔对人们无力抵制诱惑的现象很感兴趣，他决定从事这个方面的研究。这种现象的存在，是因为某些人具备某种特征而其他人没有吗？如果真是这样，这种特征能否影响人的终身行为？通过这些研究，米歇尔的发现最终对心理学产生了深远的影响。

自制力是学习的产物

小蒂姆今年 4 岁，他正坐在心理学系实验室的桌前，盯着桌上的好东西目不转睛。桌上有一块棉花糖，就是妈妈经常在他的巧克力奶中放的那种，是蒂姆最喜欢吃的糖果。

实验室的人要出去一下，他告诉蒂姆两个选择：一是吃掉桌上的糖，那样就只有一块；二是不动桌上的糖，等他回来，这样可以多得到一块糖作为奖励。

然后那个人便出去了。蒂姆盯着诱人的糖果，坐在椅子上扭来扭去、两脚乱踢，努力想要控制自己的欲望。是啊，只要能坚持住，一会儿就能吃到两块糖了。可是桌上那块糖果的诱惑力实在太大了，小蒂姆还是伸手把糖抓了过来。他有点紧张地四周张望了一下，然后剥开糖纸把糖塞进了嘴里。显然，蒂姆和亨利都不是能很好地控制自己的人。

实际上，蒂姆是米歇尔博士及其同事在40多年中密切关注的研究对象之一。[3] 米歇尔想知道在儿童时代有多少人能做到延迟满足，以及这种特质能够对其成年后的生活造成怎样的影响。他的假设是，具备自我控制能力的儿童成年后会实现更大的人生成就。

在和蒂姆类似的研究案例中，米歇尔对这些孩子的表现一直跟踪到成年时代。他发现延迟满足的能力带来的影响远远超过很多人的预料。尽管研究者对这些孩子的观察只有几分钟，但他们从实验中得出的结论却非常具有说服力。研究发现，和难以控制自己的孩子相比，能够等到第二块糖果的孩子成年后，会表现出更好的社交能力，更加自信，值得信任以及具备更好地面对挫折的能力。他们的平均高考成绩为210分，也远远高于前者。[4] 实验结论充分证明了米歇尔的假设。

在接下来的10年中，他们对不同年龄段（包括成年）的人进行了伴随研究，结果证明具备自制力的人的确比缺乏自制力的人更成功。例如，自制力强的高中学生在控制饮食方面的问题很少，自制力强的大学生成绩更好，自制力强的夫妻关系更融洽，自制力强的员工职业发展更平稳。与此相对，缺乏自制力的人往往表现出较强的侵犯性和较多的少年犯罪行为、健康问题等。

米歇尔的研究在无意中揭示了人类行为的特质，它充分证明天生有能力抵制短期诱惑的孩子会实现更好的人生发展过程。有句古话叫"三岁看老"，孩童时代一个小小的动作就能决定其一生的轨迹。这一点实在既令人吃惊，又令人惋惜——就看你选择的是"马上满足"还是"延迟满足"。这种选择的结果是，要么你能抵制诱惑，取得更大的成就，要么你和亨利一样只能沉沦于当下的满足，但必须面对未来的代价。

不过，这项研究难道只有这些发现——告诉我们哪些人容易成功和失败吗？

有一点是确定无疑的，即延迟满足的能力可以带来更大的长期成就，人们对此并无争议。但是，让科学家们一直争论不休的是这种影响的深层原因是什么。[5]自制力究竟是一种先天的、难以掌握的个人特质，还是一种后天的、可以习得的能力？

1965年，米歇尔博士和阿尔伯特·班杜拉展开共同研究，试图证明自制力天生是一种错误的观点。[6]班杜拉长期致力于人类学习行为的研究，这一次他要和米歇尔共同设计一项实验，测试延迟满足者的稳定性。实验过程和棉花糖实验类似，两人的观察目标是四年级和五年级的学生。他们把缺乏延迟满足行为的学生和能够延迟满足的成人放在同一组，让这些自制力差的孩子学习成人如何通过打盹儿、起身溜达或其他方式分散注意力，以此达到抵制诱惑的目的。令人惊喜的是，这些孩子通过观察不仅学会了，而且做到了延迟满足。

只需一次接触，自制力差的孩子就能成功抵制诱惑，这个发现确实令人惊喜。更有趣的是，几个月后进行的后续研究表明，掌握这种新能力的孩子在很大程度上可以继续做到延迟满足。这是否说明自制力并不像人们此前认为的那样，是一种天生具备的特质呢？

显然，这个问题的答案至关重要，对亨利这样的人来说尤其如此。通过密切关注延迟满足者，米歇尔得出的结论是他们在抵制短期诱惑方面做得更好。他们不仅抵制诱惑，还会采用具体的、可以学习的技巧转移注意力，从而实现忽略短期奖赏，追求长期回报的目的。

这就意味着，只要学到了这些技巧，亨利也能做到延迟满足。可是，做到这一点就能保证他实现减肥的目的吗？要知道，他可不擅长跑步、举重等运动，更对体育锻炼毫无兴趣，但体型、肺活量和肌肉水平是衡量人是否健康的重要标准。你可能觉得，让他变得和健身房宣传画里的美男子一样简直毫无希望，可事实真的是这样吗？

高超技艺源自刻苦练习

对于顶尖高手是如何实现高超技艺的这个问题，心理学家安德斯·埃里克森有一个有趣的看法。他并不认为高手具备天赋、超出常人的智力水平或身体素质。通过长期研究精英在某些方面的表现比常人优异的原因，埃里克森以系统化证明得出的结果是，无论任何领域，精英胜过常人的原因很简单——惟手熟尔。[7]

英语中有句老话叫"实践不能保证完美，完美的实践才能带来完美"。埃里克森一生的努力就是为了证明这是个真理。尽管大多数人认为自己天生缺乏运动细胞，但埃里克森却表示，没有任何证据表明运动员可以依靠天赋而非刻苦训练的方式取得优异成绩。他的研究表明，无论高超技艺、优异表现，还是巅峰状态，这些都不是上天的恩赐，而是通过针对性强化训练的方式对行为技巧不断磨炼的结果。

对此，埃里克森举了花样滑冰选手的例子进行说明。奥运会选手练习的是尚未掌握的高难度动作，俱乐部选手练习的是已经掌握的动作，而业余选手经常花上大半天时间跟朋友在溜冰场闲聊，什么动作也不练习。简而言之，虽然他们在冰上花费的时间相同，但得到的结果却相距甚远，原因就在于练习的方式迥异。埃里克森通过研究发现，这种情况普遍存在于各个行业和领域，如背名单、下棋、拉小提琴、体育运动等。此外，它同样适用于更为复杂的人际互动行为，如演讲，与人交往以及应对高度情绪化、非常敏感或充满风险的对话。

在进一步说明之前，首先有必要澄清一个普遍存在的误解。我们都知道，像花样滑冰、下棋和拉小提琴等活动，的确可以通过针对性强化训练的方式改善表现。但是，像同事交流、激励团队、和问题少年进行情感沟通以及提醒医生避免错误行为等活动，很少有人认为也需要在有效指导的方式下进行训练。

大多数人都觉得像这种涉及情感的人际互动根本不需要学习，更别提什么有针对性的指导训练了。

这种想法其实大错特错。我们可以用医院的例子来做说明。有个外科医生做手术时犯了个错，她在乳房切除术中不小心撕裂了支持患者胸腔的一小块肌肉，但并没有注意到这个问题。这时，旁边的麻醉师发现指标失常，表明患者有一侧肺部失去了呼吸功能，两位护士也注意到了同样的问题。如果这时不马上采取行动，患者很快就会死亡。但要采取行动，要么手术医生主动承担责任，要么其他人员及时做出提醒。

我们来看看其他人员会怎么做。大多数人在提醒医生之前都会犹豫几秒，因为如果处理得不好，会让医生觉得他们轻率无礼甚至是以下犯上。其中存在的法律问题会让情况变得非常微妙。更糟糕的是，以前也有同事积极指出问题，结果发现医生没有做错，落得一顿批评讥讽。你看，既然这样，还不如让别人去出头，于是宝贵的抢救时间就这样被浪费了。

无论是抽血，移动患者，还是监视仪表，像这样的医疗错误每时每刻都在发生，其数量之巨令人难以置信。究其原因，相关人员从没有学习过，也没有训练过如何面对同事或上级犯错的情况。他们不知道该说什么，也不知道该怎样说。没有足够的相关练习，他们怎么可能具备解决问题的信心呢？

当然，对于缺乏人际交往技巧导致严重问题的情形，绝非医疗行业独有的情况。当公司老板高谈阔论并不成熟甚至存在危险的想法时，员工们因为害怕被炒而噤若寒蝉，导致好的创意难产，整个团队做出错误的决定。显然，跟上级沟通需要技巧，而技巧则来源于不断练习。这种情况在家庭生活中同样存在，比如，你该怎样说服具有暴力倾向的配偶？怎样面对学校里以大欺小的行为或是帮助他人戒除毒瘾？你能在不受讥讽或不挨打的情况下有效解决问题吗？由此不难看出，人际互动是一种非常复杂的行为。大多数人都要通过有指导的训练，才能改善这方面的能力。

想想威瓦特医生是怎样解决问题的，他是怎样鼓励年轻、贫困、害羞的性工作者拒绝富有和强势的男性顾客采用不安全性行为的。一开始这些女孩只能低声央求，结果遭到了顾客的讥讽和威胁。因为不知道该说什么，也不知道该怎样说，她们很快便放弃了努力，让自己和成千上万人成为潜在的艾滋病传染隐患。

后来，威瓦特组织经验丰富的"前辈"为年轻的女孩进行培训，教她们如何保护自己的身体。她们为年轻的性工作者编写台词，教她们怎样坚守底线，同时又不会激怒顾客。这些女孩必须在日常工作中反复操练对话，直到能熟练掌握要说的内容和表达的方式。通过不断地练习和反馈，她们最终做到了在工作中熟练应用这些台词。在这个案例中，通过提供详细的指导和反馈帮助性工作者进行练习，在短短几年的时间里泰国安全性行为的比例从14%提高至90%，拯救了数百万人的生命。[8]

人类面对的很多重大、顽固的问题并不是因为我们有基因缺陷、缺乏勇气或存在性格缺点，而是因为缺乏应对技巧（缺乏技巧是缺少针对性强化训练造成的）。自律这种性格特质以及被普遍认为是基因导致的精英表现，实际上源自针对特定技巧的经过指导的能力训练。只有学习如何实践正确的行为，你才能抵制巧克力美味的诱惑，才能和老板当面讨论棘手的问题。

像影响者一样行动

回到前面加纳金矿的案例，我们来看看管理者是怎样要求司机限速和减少交通事故的。通过调查，他们发现大部分司机不愿意超速，但因为不会处理人际问题，结果只能这样做。具体原因是，他们经常要送领导去机场，到机场要开两个小时的车，但这些领导从来都不守时，给司机留的时间非常紧张，因此不得不在路上超速。

对司机来说，要掌握的关键行为是提前一个小时联系要出行的领导，提醒他们确定好行程安排——这显然是个非常棘手、难以操作的能力问题。于是，这家公司设计了台词让司机练习。此外，公司还指导他们在遇到领导迟到时该怎样应对。然后，他们请来安全经理和部分领导进行讨论，在讨论现场让司机和领导进行角色扮演。

角色扮演锻炼了司机的应对能力，同时也树立了他们的信心，让他们学会如何在关键时刻通过关键行为拯救生命。此外，这种方式还能有效地帮助公司领导学会鼓励司机（第三种影响力来源），让他们意识到指出乘客的错误行为是正确的做法。

磨炼复杂的技能

我们在前面说过，不是所有的实践都是好的实践。正因为如此，我们才会在工作和家庭生活中遭遇各种"发展受阻"现象。像打字、开车、高尔夫或网球等简单的活动，差不多 50 个小时的练习就能让我们达到熟练应用的水平。然后，我们的表现便开始自动进入重复模式，可以毫不费力且颇为顺利地完成这些任务。这时，我们会认为自己已经达到最佳状态，不需要再学习新的技巧和方式了。

此外还有一些活动，我们会故意停止前进和实现优异表现的步伐。例如，我们发现在某些方面付出更多努力学习新的技巧，结果只会带来边际收益的下降，是一件得不偿失的事情，因此我们会停止继续学习。再比如电脑，我们学会打字和上网等基本操作就觉得够了，没必要再学习其他深入的功能和技巧。

但是，这种发展受阻的情况出现在个人职业生涯中时，往往会造成令人失望的结果。大多数专业人员的职业发展先是上升到一个可接受的程度，然后便停滞下来不再进步。例如，软件工程师通常参加工作 5 年后便不再进步。超过一般水平之后，个人发展方面的改善往往和在该行业的工作年限无甚关联。

那么导致改善出现的是什么呢？埃里克森博士认为，导致改善出现的不是一般的练习，而是一种特别的练习，即他所说的"针对性强化训练"。[9]埃里克森发现，无论哪个行业的最佳状态，调查表明从业时间和表现水平之间都不存在必然的关联。

这个结果可能有些令人震惊。换句话说，从业 20 年的脑外科医生在熟练程度上不见得比刚工作 5 年的菜鸟更高，两者的差距不在于经验，而在于针对性强化训练。根据已知标准不断获得反馈结果的医生，其进步速度明显超过每天重复相同练习的医生。当然，时间也很重要（在作曲、舞蹈、科研、小说创作、下棋和篮球等活动中，要达到最佳状态往往需要 10 年或更长的时间）[10]，但它并不是通往成功的决定性要素。[11]决定性要素是明智地使用时间，只有掌握练习的技巧，才能实现完美。

我们大多数人都知道，针对性强化训练会对表现水平造成巨大的影响，不信的话可以看看数学和跳高等活动的教学演变。罗吉尔·培根曾说过掌握微积分要学习三四十年，但现在微积分已经成了美国高中的必修课程。[12]如今的音乐家拥有可以轻松超越历史著名人物的精湛技艺。在体育方面，刷新世界纪录的年龄正变得越来越小。例如，曾扮演人猿泰山的美国著名运动员约翰尼·韦斯默勒曾在 1924 年荣获 5 枚奥运会游泳金牌，[13]可谁能想到十几年后连高中生都能打破他创造的纪录。

那么针对性强化训练究竟是什么呢？怎样才能在关键行为中采用这一技巧来强化影响力策略呢？

做到短时间内全神贯注

针对性强化训练需要高度关注，它不允许出现胡思乱想、走神发呆或心不在焉的状态，而是要求像学生一样高度集中精力。这样才能清楚目标和状况，了解其中的原因。[14]

　　集中注意力是学生面对的最大问题，就连出色的音乐家和运动员都认为保持注意力集中是针对性强化训练的限制因素。大多数学生只能连续一小时维持较高水平的注意力，而且这种情况大多出现在清晨思维清晰的时段。经过各种形式的训练，在学生当中即使精英表现者每天练习的时间也不会超过5个小时，前提是还必须保证他们有足够的睡眠。[15]

根据明确标准提供即时反馈

　　与清晰目标和即时反馈相比，我们在技巧练习方面所花的时间就显得无足轻重了。例如，象棋选手每天花4个小时，参照世界顶级选手的棋局进行对比练习。他们先走一步，然后观察高手这一步是怎么走的。如果不同就停下来思考，看高手是怎样观察棋局的，自己遗漏了哪些方面。通过这种对比，学生们的进步速度要比采用其他方式快得多。这表明快速反馈加全神贯注能有效加速学习过程，选手可以马上知道在哪里出错了，然后从中总结经验教训。

　　同样，体育运动员也需要利用快速反馈提高成绩。他们关注的是比赛中那些微小却至关重要的方面，然后非常细心地对比每一组动作之间的差异。世界游泳冠军娜塔莉·考芙琳就是这样，她在比赛中每条腿的击水动作都比对手少，从而极大地保存了体力。[16] 在练习中，考芙琳高度关注每一次击水的详细记录。她是这样说的："你必须控制好水面，手形上的细微变化会带来完全不同的结果。"每游完一圈，她都很清楚自己划了多少次水，然后调整手臂姿势进入下一圈。正是这种高度关注的针对性强化训练推动了她的成功，这显然不是随心所欲的练习可以成就的。

　　这种获取快速反馈的学习方式和传统的教学方式大相径庭。很多老师认为考试是令人痛苦的经历，应当尽量少让学生参加，以免伤害他们的积极性，但研究结论发现事实恰恰相反。爱迪娜·瑞德告诉我们，她发现优秀的教师有一项关键行为,即保持高频率、短时间的教学测试。只有多考、常考,考试才会变成家常便饭,而不是学生眼中令人头痛的苦差,才能让学生看到距离标准还有多远。

这就是利用清晰反馈进行针对性强化训练的关键所在。反观一下,我们现在是怎样培训企业管理者的呢?实际上,很少有商学院或管理学院认为领导学是一门行为艺术。它们教你如何思考,但没有教你该怎样行动。因此,当管理者学习MBA课程或是管理培训课程时,他们学得最多的是阅读案例,采用模型等不切实际的东西,但从来没有真正做过什么练习。

退一步说,就算商学院有关于演示演讲的课程和需要学生练习的行为模块,它们也往往是极其简单的。这种情况和本书强调的重要领导技巧不可同日而语,如怎样解决富有争议的问题,应对错误行为,形成默契,组织会议,表达和上级不同的观点或影响行为改变——这些都需要采取具体的行动。更重要的是,这些都是可以通过针对性强化训练习得的能力。

分解任务目标

下面来看看针对性强化训练的另一个方面,在此我们用实验来说明。如果你是医生,该怎样说服患者坚持吃药,以免将来有一天中风呢?要是对方得过中风,说服他们可能不会很难,可如果情况更复杂的话该怎么办?比如这种药会导致肌肉痉挛、红疹、精力消退、便秘、头痛和性功能障碍,患者吃了肯定会出现短期副作用,但好处是将来可能不会中风,你该怎么办?实际上很多中风患者多年来都不肯吃药,就是因为他们存在侥幸心理,觉得发病的概率很小。[17]

后来研究人员换了一种思路,不再强调行为的长期目标(避免中风),而是帮助患者设定细小的分解目标,然后根据它们提供快速反馈。这种做法很快解决了难题。他们给患者分成小包的药、一支血压计和一个日记本。患者每天服药,检测并记录血压变化。事实证明,这个方法非常有效。通过设定分解目标（每日检测记录）和完成任务，患者关注的不再是不切实际的长期收益，而是看得见、摸得着的现实变化。这样做不仅巩固了疗效和患者的认知，而且诱发了他们的行为动力，他们终于肯吃药了。

影响者一向都很重视确定明确细分目标的重要性。首先，他们知道确定明确目标的重要意义。我们大多数人都会说了解目标，但真正将其付诸行动的却寥寥无几。例如，普通排球运动员确定的行为目标是"学会关注"（十分笼统），但顶尖选手的目标是练习正确发球，而且非常清楚发球动作的每一个环节。

在关注行为改善方面，高手在设定目标时要改善的不是结果，而是行为或过程。例如，顶尖排球选手在设定目标时关注的是传球、垫球、拦网等动作，而普通选手的目标要笼统得多，就是简单地多赢球或获得掌声。在篮球运动中，罚球成功率 70% 以上的选手和 55% 以下的选手，他们的练习方法完全不同。前者关注的是更为细致的技术要领，如"收肘"或"跟随力量"；后者关注的是和结果相关的目标，如"这次我要连续投进 10 个球"。[18]

关注目标的不同也会在行为失败时得到体现。研究人员叫停连续两次罚球失误的运动员，让其说明失败的原因。顶尖选手会说明哪个技术环节没做好（如"刚才没有收肘"），而普通选手的解释往往十分含糊——"刚才没留神"。

利用细分目标维持行为动力也很重要。掌握一定技巧之后，人们会很担心行为失败，一旦失败可能会带来不好的结果。不难想象，如果人们感觉行为可能导致失败，这种心理便会反过来对其造成自我打击。在行为发生之前假定不会成功，假定失败会造成严重后果，这会让行为人努力寻找借口证明失败是必然的。这样可以尽早终结行为，以免蒙受重大损失。

如果人们有这种恐惧感，你不仅要提高他们的行动技巧，还要确保他们对成功的期望会不断增长。怎样做到这一点呢？我们在前面说过，言语规劝很难说服他人相信。（"去吧，蛇不咬人！"）例如，在一项研究中，调查人员得知你会教大学生如何约会。这只是一个方面，另一方面你要保证学生看到自身约会能力的不断提高，增强他们对成功的期望。只有这样才能证明学到的东西确实有用，才能保证他们把行为付诸实践。[19]

那么怎样才能找到行为改善的证据呢？答案当然是改善本身。正所谓一事成，事事成，人们一旦成功就会积累个人经验，证明自己的确可以实现目标（此举能有效改变认知，进而改变思考方式）。不幸的是，多疑的人几乎从不尝试自己认为充满风险的行为，因此他们从来都不会成功。对于这样的人又该怎么办呢？

我们在前面提到过的阿尔伯特·班杜拉博士是社会认知理论之父，他的观点为本书的应用研究提供了理论基础。班杜拉认为要鼓励人们尝试以前害怕的事物，你必须提供快速正面反馈为其建立自信。具体做法是提供短期、具体、简单和低风险的目标，明确说明对方要做的每一个步骤。换言之，你必须把复杂任务变成简单任务，把长期任务变成短期目标，把含糊目标变成具体步骤，把高风险活动变成无风险活动。

要了解更大规模的目标细分是怎样实现的，我们来看看迪兰西公司的做法。西尔伯特要面对的罪犯和社会边缘人都是文盲，没有任何一技之长。他们不但没有工作技能和教育经历，而且非常缺乏人际沟通和社会生存能力。

怎样才能帮助他们掌握各种生存技能呢？答案是一步一步来。首先选择一个行业，比如说餐厅服务，然后从中选择一项具体的技能。例如，在加入迪兰西公司的第一天晚上，老员工要教新员工怎样摆桌——可能只是叉子的正确放法。这些深受毒瘾和文化差异困扰，在身体和情绪方面备受煎熬的新人，必须反复操练正确的做法直到熟练掌握，然后再练习如何摆放餐刀，如此这般一步一步加以深入。

积极面对挫折

在学习过程的早期阶段还有一点和逐步确保短期成功具有同样重要的意

义：如果实验对象很早就体验到成功，那么随后出现的失败会迅速打击其信心。早期出现的短暂成功很容易造成一种假象，让人以为无须付出重大努力即可实现目标。在这种情况下，他们遇到问题时往往会表现得灰心丧气。

要解决这个问题，你应当让大家意识到成功必须付出努力、坚持和具备高度的适应能力。因此，设计练习方法时，你应当逐渐增加需要付出努力和坚持才能成功的任务。只有当学习者经历短暂失败，最终完成棘手的任务时，他们才会看淡挫折，把它当成需要继续学习的积极信号。

像影响者一样行动

某公司几位老总开会讨论新的产品质量方案，会议快结束时一位副总说："各位，员工可能对这个方案不满，我们有必要商量一下如何答复他们，以免让他们觉得我们只是做口头文章。"于是，大家对此进行了半个小时的针对性强化训练。

大家首先确定了可能被问到的四五个难以回答的问题，然后每两人分成一组，以日常对话的方式进行两分钟的问答互动。练习的具体内容包括提出观点，获得对方反馈，然后再次提出观点。半小时之后，大家已经熟练掌握了应答方式，知道该怎样以统一、诚恳和有效的方式回答棘手的问题。这项练习非常有意义，它能帮助管理者在公司上下传达一致的信息。员工发现管理层的观点高度统一，就会减少怀疑，积极采用新的方案。

当我们怀疑自己能否成功时，学会正确看待问题和挫折对我们来说尤其重要。面对挫折我们要学会说："哦，原来这样行不通"，而不是对自己说"这下毫无希望了"。换句话说，我们要学着把挫折看成前进道路上的指示牌，而不是中断行为的"急刹车"。

一开始时，失败意味着你要付出更大的努力和坚持。有时候，失败也可能意味着你要改变策略或方法。无论如何，绝不能把失败视为无法成功的信号。比如，你手里拿着一个吃了一半的冰激凌，这时你会怎么办？觉得反正也无法坚持节食，还不如大快朵颐？抑或是认为既然难以抵制路边摊的诱惑，以后就下班绕道回家呢？显然，前者是把失败当作了逃避行为的借口，而后者则利用失败修正了行动策略。

学会控制情绪

我们回到开始的案例，再谈谈自控力的问题。亨利盯着手中打开包装的巧克力，他的眼睛、嘴唇和味蕾都在刺激大脑满足本能需求——把美味食品吃下去。亨利到底能否战胜诱惑呢？要回答这个问题，我们必须深入了解前面的棉花糖实验才行。

当代研究表明，人类行为会随着周围环境的影响表现出两种模式。米歇尔和班杜拉认为这两种模式，与其说是人类固有的品质或冲动行为，不如说是可以后天习得的技能更为准确。第一种模式被当代理论学者称为"热模式"或"行动系统"模式，作用是帮我们求得生存。比如，我们突然碰到危险，路上遇到一只老虎，这时行动系统就会发挥主导作用（我们的大脑下令向四肢大量输血，加速心跳，升高血压，释放大量胆固醇），为可能出现的损伤做好准备。

有意思的是，当行动系统占主导地位，血液大量流向四肢时，我们的思维能力会被大脑中很小的一部分（杏仁体）接管。在这种情况下，我们不再冷静全面地分析情况。和深思熟虑等高级认知行为相反，杏仁体的作用是快速做出判断，它决定的是快速情绪化反应。杏仁体被激活会触发"逃跑或战斗"之类简单的本能反应。也就是说，杏仁体会激发我们的本能行为——一看到老虎就马上逃跑。这种热模式或行动系统发育得非常早，在婴儿时期具有决定性作用。

第二种模式是"冷模式"或"认知系统"模式,通常在更为稳定的情况下发挥作用。[20] 它的特点是不受情绪影响,主要在前额叶活动,擅长进行高级认知分析。因此,这种模式的作用不是让我们保命,而是进行深入思考。比如,当我们一边摘草莓,一边和朋友闲聊时,主导大脑思维活动的便是这种模式。不过,这套系统显然无法应对突然碰到老虎的情况。这是因为我们的认知系统行为缓慢,需要进行复杂的思索。这套系统大约在 4 岁时开始发育,差不多是孩子们开始学习延迟满足的年纪。

具备两种不同行为系统对人类非常有帮助,每一种系统都能在必要的场合发挥作用。但是话说回来,这种优势也会让我们犯错,因为在拥有两种选择时,你很有可能在某种情况下采用错误的应对方式。比如遇到一只老虎,如果你还是不紧不慢地思考这种猫科动物的速度是多少,暗自思索如果爬树能否躲过袭击——太迟了,你早就成了老虎的午餐了。显然,在这种情况下认知系统肯定不如行动系统更有效。

其实,在行动系统占主导地位时,调动认知系统处理问题这种情况并不常见。我们的问题恰恰相反,经常是在需要认知系统发挥作用时错误地调动了行动系统处理问题。毕竟,遇到迫在眉睫的危险时,马上就跑肯定比深思熟虑要好得多。正因为如此,我们一旦感觉可能遇到攻击,行动系统就会自然发挥作用,在这种情况下本能根本不允许你去深思熟虑。

例如,有个会计同事取笑你在会议上提出的建议,你感到很恼火,"小样儿的敢看不起我"。当然,这算不上什么威胁生命的紧急情况,对方只是个会计,不是会吃人的老虎。可是,那也不能白受委屈啊!于是,你的行动系统开始发挥作用了。实际上,这种模式经常不请自来,还没等你意识到就已经开始行动了。随着血液流向四肢做好防御准备,你的大脑里能发挥作用的只剩下可怜的杏仁体了。你感觉热血沸腾,准备好反击了,这时哪里还顾得上深思熟虑。你开始恶语相向，把对方骂得一文不值。这时我们想问的是，你究竟在想什么？或者更准确地说，你还有思考能力吗？

每当你食欲大振而又非常希望控制饮食行为时，也会出现与此类似的错误情绪反应。行动系统的存在不只是解决"逃跑或战斗"之类性命攸关的问题，同样可以处理需要快速做出本能反应的行为举动。例如，你走过餐厅闻到诱人的面包香味，这时内心就会有一个声音响起："快去吃啊，不然就没啦！"

像影响者一样行动

在经济危机期间，某金融服务公司的管理者担心自己的高净值客户会被竞争对手挖走。调查表明维持客户忠诚度有一个关键行为——和客户面对面沟通存在情绪风险的问题。例如，很多产品经理不愿向客户透露投资失败的坏消息，总是三番五次地推脱。还有的经理宁愿失败，也不愿指出客户不按方案进行投资导致的问题。与此相对，那些熟练应对此类情况的经理不仅提高了客户的忠诚度，而且为公司赢得了更大的业务。

后来公司对产品经理进行了培训，让他们寻找因为情绪问题导致业务失败的具体情况。然后，他们针对这些问题专门设计了应对练习。具体做法是关注正确解决问题带来的积极影响，避免对失败行为的强调。通过进行针对性强化训练，大家学会了个别优秀产品经理的正确做法。公司既提高了客户忠诚度，又实现了业务增长。

这就是问题所在。我们有时候会采用错误的行为模式，结果给自己带来巨大的麻烦。正因为如此，即使决定采用关键行为，我们仍会在各种压力面前崩溃。当行为系统错误出现时，如果我们能学会如何及时做出改变，让理智而不是冲动控制自己，结果可能会完全不同。值得庆幸的是，这种强大的自我管理能力是可以通过学习掌握的，要想在扑面而来的情绪浪潮中学会生存，你必须具备这种管理能力。

控制大脑

要学习如何管理行动系统，我们还是要回到前面的棉花糖实验。米歇尔及其研究人员把实验对象分成两组，一组是"马上吃"，另一组是"稍后吃"。[21] 他们的目标是把每个孩子都转变成"稍后吃"。换句话说，怎样做才能让人们为了长期利益去抵制当前诱惑呢？更重要的是，在此过程中你不能采用言语规劝的方式，让他们"坚持到底"或"控制自我"，这些都不是有效的方式。与此相反，你应当教他们掌握和情绪管理有关的具体方法。那么这些方法到底是什么呢？

米歇尔设定了不同的年龄组和不同的奖励条件，然后对他们进行了一系列实验。结果发现，如果实验对象不相信研究人员会回来给他们额外的奖励，那么他们根本不会延迟满足。的确，苦等半天，结果换来的是失望，这谁还干呢？同样，如果实验对象认为自己做不到抵制当前诱惑所需付出的努力，他们也不会延迟满足。简而言之，米歇尔证实了班杜拉的观点，人们尝试某种行为有两个前提条件：一是这样做值得，二是认为自己能够做到。如果没有这两个前提，那么岂不是白费功夫？

在初始实验中，米歇尔发现那些能够延迟满足的孩子善于转移注意力，既不关注当前利益，也不关注长期利益。他们可以通过转移注意力的方式来管理情绪。他们会转移目光，调转椅子方向或是趴在桌上睡觉。还有些孩子会用其他方式转移注意力，如自言自语、唱歌或是手舞足蹈自娱自乐。还有个孩子跑到墙边，用手指去量水泥线。总而言之，这一组的孩子都会自己想办法，把无聊苦闷的等候时间变成游戏时间。

随后，米歇尔把这些方式教给另一组孩子，帮助他们把注意力转移到其他方面，结果发现这些孩子极大地提高了延迟满足的能力。在类似的实验中，研究者设置了具体任务，完成任务的实验对象可以获得额外奖励。结果表明，关注任务而非当前奖励的实验对象能更长久地延迟满足。[22] 相比之下，对奖励紧盯不放的孩子坚持能力最差。此外，研究人员还发现，通过强调失败成本或鼓励负面思考的方式转移孩子的注意力，并不能强化延迟满足行为。[23]

最后，让孩子关注困难、反感或无聊的任务，单凭意志力发挥作用，这种方式也毫无效果。[24] 尽管大多数人认为自制力差的人只需强化意志力（如在实验中让孩子们集中注意力、坚持到底等做法），[25] 但研究表明结果恰恰相反[26]，告诉人们集中精力并不能改善行为表现。[27]

更好的策略是把困难的任务分解成简单的任务，把令人讨厌的事情变成让人高兴的事情，把无聊的工作变成有趣好玩的工作，对此我们将在第9章详细说明该怎么做。可以说，如果工业设计师能够让我们的工作变得轻松、充满乐趣，管理者就不用一直唠叨，让员工在枯燥的工作中坚持到底了。管理者学会如何衡量和关注短期目标时，就不必费心激励员工坚持就是胜利了。

管理情绪另一个有效的办法是做"情理斗争"，心理学家把这种策略称为认知重评。[28] 当行动系统引出自发情绪时，激活认知系统可以有效地阻止这种情绪的蔓延。要做到这一点，你必须调动前额叶思考更为复杂的问题。如果你能让大脑摆脱杏仁体控制的状态，调动更多脑力解决复杂问题，这一思维过程就能有效地帮助你启动认知系统，回到正常思维状态。

要启动认知重评，第一步是对需求进行判断性描述，如"我很想吃奶酪面包"——错误行为。第二步是说明与其矛盾的想法或目标，如"但我更想看到节食后的身材"。第三步是转移注意力，想象腰带变松是什么感觉，实在不行就延迟错误行为。这一番心理斗争下来，你的行动系统（一开始想要狼吞虎咽的念头）就会逐渐退却并消失。

例如，在帮助强迫症患者时，心理医生常用的办法是让他们在出现症状时等上 15 分钟再行动，比如每天用肥皂洗手上百次这种怪癖。[29] 当问题出现时，我们往往认为除非满足迫切的情绪需求，否则我们会一直郁闷下去。实际上，这种观点是错误的。只要你能稍加抑制汹涌的冲动，我们的大脑只需很短的时间就能恢复到认知系统，让困难的选择变得轻松简单。

像分类、讨论、深思和延迟行为等积极策略，都可以帮助我们改变思维方式。实际上，它们改变的是我们思考问题的大脑部位。当认知系统占主导地位时，思考权就会从杏仁体转移到前额叶。改变了思考部位，我们的思考方式就会发生变化，进而改变我们思考的内容。这时，你才能全面细致地以长远眼光来思考问题。

如果你和亨利一样为该不该狂吃巧克力感到纠结，或是为赌博、乱花钱等恶习感到懊悔，以致无法正常思考问题，别忘了其实有很多方法能帮助你控制自己的欲望。

总结：个人能力

改变行为总是涉及新技能的学习。影响力大师和常人的不同之处在于，他们非常重视利用针对性强化训练的方式影响他人。要想成功影响他人，你必须投入大量的时间帮助他们练习新的行为。你的练习方式必须具备现实条件、专业指导和快速反馈。你应当把关键行为分解成细小的行动目标，让人们看到自己的进步。最后，你必须帮助他们练习面对挫折的能力，以免他们遇到失败时打退堂鼓。

此外，你要帮助人们开发的不只是技术能力和人际沟通能力。这些固然是实现成功必备的能力，但内省能力同样也不可忽视。你应当帮助他们解决可能影响变革行为的情绪问题，帮助他们学习如何让大脑从行动系统进入认知系统，避免冲动行为阻碍成功变革。

我们要牢记克服坏习惯，建立复杂的运动、思维和人际沟通能力，不只是简单的动力、品性或素质带来的结果，能力也在其中发挥着重要作用。利用针对性强化训练熟能生巧，学会管理情绪，做到这两点，你才能大大提高把关键行为转化为日常习惯的概率。

| 第6章 |

提供鼓励
社会动力

很多人每天的生活都一样，终日奔波忙碌，努力赚钱，拼命购物，取悦他人，我也毫不例外。

——Emile Henry Gauvreau

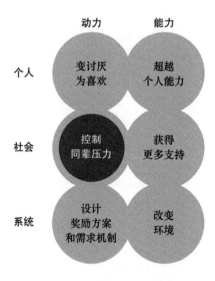

来自人际交往圈的影响力会对我们产生巨大和深刻的影响,这种影响力之大简直无可匹敌。生活中同伴们的一句讥讽或赞扬、支持或反对、同意或否定,都会对我们的行为改变产生极大的推动或阻碍作用。他们的一个微小动作,如轻扬眉头、嘴角撇动、面露嘲讽或摇头反对,甚至比所有的长篇大论都更有影响力。

聪明的影响者非常善于利用这一点,他们能有效地使用这种影响力,而不是对其视而不见。选择合适的人在关键时刻提供鼓励、指导并强化责任感,他们可以利用社会影响力显著地推动行为改变。

历史上的一次著名实验

1961年,心理学家斯坦利·米尔格拉姆做了一个实验,他想了解在人们眼中那些行为乖张的人、宗教激进主义者和有心理问题的人在性格气质方面是否和第二次世界大战中大量屠杀犹太人的纳粹分子相似。[1] 结果,米尔格拉姆博士的研究震惊了整个世界。由于研究结论令人非常难以接受,米尔格拉姆马上成了众矢之的,遭到来自社会各界的抨击。

因为对纳粹德国发生的情况感到困惑,米尔格拉姆想搞清楚到底是怎样的人会对自己无辜的亲友或邻居痛下杀手。不过,要在美国康涅狄格州找到誓死效忠的政治狂热分子和宗教激进主义者可不容易。尽管如此,米尔格拉姆还是决定找出这样的人深入研究。

显然,作为一位知名学者,米尔格拉姆肯定不会在实验中设计让人们互相屠戮的场景。不过,他可以设计一种情形让人们认为可以这样做,同时保证实验中的受害者不会受到伤害。为此,米尔格拉姆在《纽黑文日报》上刊登了广告,请人参加一小时的实验活动,参与者可以得到4.5美元的报酬。广告吸引了不少人,他们来到位于耶鲁大学的实验室,被告知要参与的是一项调查负强化式学习的研究。[2]

在排队等待时，有位"热心人"会和参与者探讨实验中要做的事情，这个人实际上是米尔格拉姆的助手。接着会出现一位身穿白大褂的研究人员请两人抽签扮演角色，一个角色是教师，另一个角色是学生。实际上，两张字条上写的都是"教师"，这样可以保证参与者能成功扮演教师的角色。

接下来，研究人员和两人进入一个小房间，在学生（即助手）手臂上贴上贴片。研究人员解释称，贴片的作用是确保释放电流时电极能刺激皮肤。这时学生会故意问道："几年前我在医院被诊断出有心脏病，电流刺激会不会引发心脏病？"然后研究人员做出非常肯定的答复："肯定不会，电击会有一点疼，但不存在任何危险。"

接好电极后，研究人员和教师来到旁边的房间，房间里有一台庞大的机器，通过它向隔壁的学生施加电流。为了让受试者（教师）确信，研究人员请他施加45伏的电压作为测试，学生果然开始喊疼。

这个实验的目的是要衡量负强化对学习的影响。具体做法是，教师大声读出成对的词组让隔壁的学生记忆，然后读出每一对词组中的第一个词，让学生答出第二个词。如果回答错误，教师便按下按钮，电击"有心脏病"的学生。以后每答错一个词，教师都必须提高电压，按下按钮，继续电击学生。

对于学生的错误回答，尽管教师以为每一次都提高了电压作为惩罚，但实际上学生在实验中并没有被电击。每一次教师按下按钮，研究人员都会播放预先录制好的惨叫声，同时保证隔壁的教师能够清楚地听到。第一次电击传来的是闷哼声，第二次传来的是轻微的抱怨，第三次是大声抱怨，第四次是尖叫声，第五次是咒骂声和砸墙声。最后，当电压超过315伏时，隔壁不再传出任何声音。

当然，米尔格拉姆必须经过大量实验，才能从受试者中找出不断提高电压和按下按钮的疯子。有意思的是,在实验之前他曾让不少社会心理学家对结果进行预测,他们表示最多只有1.2%的"丧心病狂者"会做出这样惨无人道的举动。

如果有机会观看米尔格拉姆当年的实验录影,你肯定会感到非常恐惧。这些平日互不相识的人,一开始电击学生时会感到有些不安。在提高电压听到对方的尖叫声后,有些人会表现出巨大的压力。当电压达到135伏时,很多人会停止电击,质疑实验的真正目的。

当受试者要求停止实验时,身穿白大褂的研究人员会要求他们继续,直到受试者第五次要求这样做时,他们才会停止实验。否则,实验必须逐步升级,直到受试者向学生施加最高450伏的电压。这时对方已经毫无反应,既不尖叫也不咒骂,而是陷入完全的沉默,让教师感觉到他们不是昏过去,就是被电死了。

毫无疑问,向痛苦不堪的同伴不断提高电压绝对不是一件轻松的工作。通过视频可以看到,受试者承受了巨大的压力,要求停止对学生的虐待,但很快被告知必须将实验进行到底。

与此同时,实验人员在密切关注和录制受试者的每一个举动,他们坚信只有个别人会不断提高电压,把实验进行到底。但令人意外的是,他们发现这样做的人竟然多达65%。

正是这一实验结论让米尔格拉姆备受攻击。他本想发现康涅狄格州愿意献身极权主义的一小撮狂热分子,没想到意外揭露了人性中极为脆弱的一面。这个梦魇深藏在我们每一个人的内心,让我们不得不去面对。

这究竟是怎么回事?为什么人类会高度认同来自他人,甚至是陌生人的鼓励和支持?如果你是社会科学家,这无疑是一个需要思考的问题。如前所述,在引导变革的活动中,善于学习影响力的学生会思考这种巨大的社会力量能否支持或阻碍其努力的方向。了解了这一点,他们就能成功地利用这种影响力为自己服务。

聪明的影响者会用数百种不同的方式应用这种影响力，在此过程中他们只需坚持一个原则，即保证人们在实施关键行为时得到别人的赞扬、支持和鼓励。同样，当人们表现出错误或不健康的行为时，影响者必须保证他们得到别人的批评或处罚。

利用这种影响力实现目标的具体方法非常值得深究，有关这方面的作品也有很多。从领导学到人际影响力和群体动力，关于社会影响力不同领域的研究应有尽有。

尽管如此，我们要着重探讨的是如何利用社会影响力实现有意义的目标，即上述案例中能够为人类造福的部分。更准确地说，我们要了解的是能够扩大社会影响力的三种最佳实践方式：一是如何实现"引导者力量"，即通过牺牲和象征性行动扩大我们的社会影响力；二是如何通过与意见领袖合作的方式扩大我们的社会影响力；三是如何鼓励身边的每一个人参与改变现有的社会准则。

引导者的力量

斯坦利·米尔格拉姆的研究清晰地表明，一个受人尊重的个体可激励普通人做出不同寻常的举动，反之亦然。米尔格拉姆发现人们会在别人的引导之下做出违背良心的举动，为此他开始研究哪些因素会在这个方面发挥重要作用。是实验室的房间大小、电击设备的外形，抑或是学生与受试者之间的距离？通过对每一种情形进行数以千计的测试，米尔格拉姆最终发现有一种因素的确能有效影响人们的行为方式——引导者的存在。[3]

米尔格拉姆发现，当有引导者坐在受试者身旁时，无论是把电压升高到450伏，还是抗拒权威停止实验，引导者的行为总是能极大地影响受试者的行为。这个引导者可能只是街头相貌平平的张三李四，但是只要答应米尔格拉姆作为"内应"，就能把65%的平均值提高到90%，让受试者一次又一次按下按钮电击学生。同样，如果引导者坚定地拒绝进行实验，愿意继续电击学生的受试者比例会显著下降至10%。不难看出，引导者的存在是改变行为方式的重要因素。

这一结论不但揭示了人性中至为重要的一面，而且为我们提供了一种强大的影响力工具。要管理好巨大的社会支持力，你要做的其实很简单，只需找到或是成为那个受人尊重的引导者，为他们树立实施关键行为的典范。

举个例子，我们来看看违反行为规范的人是怎样对他人形成重要影响的。这个案例的主角是某大型国防产品供应商的首席执行官，他的目标是改变企业文化，从人人噤若寒蝉变成敢于当面提出不同意见，从而帮助企业解决长期存在的问题。经过几个月的讲座，他迎来了关键时刻。在和200多位高级经理举行会议时，这位执行官主动提出了看法："有人说我难以接近，老实说，我有些不太明白。如果你们当中有人愿意帮助我做出改变，我很乐意得到你们的反馈信息。"

整个会场陷入了死一般的寂静。这位执行官向台下望去，没有一个人做出回应。就在他准备打破尴尬，进行下一个议题时，一个叫肯的经理举手说道："比尔，我有些想法。"

于是，首席执行官和肯约好了面谈的时间。显然，下次再见面时，如果还是说些不着边际的客套话，这位经理肯定是要担风险了。面谈能很好地促进两人解决问题，这一切都取决于首席执行官的做法。

和肯面谈之后，首席执行官向公司所有人发了一封邮件，详细说明面谈得到的反馈。他承诺会做出改变，让自己变得更加平易近人，同时保证做到言行一致。与此同时，他还特别感谢了肯的坦诚。这位首席执行官并没有打击报复，而是对坦诚说出内心想法的人进行嘉奖，哪怕对方的想法会让自己在面子上过不去，这才是对关键行为的真正支持。

这件小事带来的影响却不小。首席执行官和肯分别为获取和提出建议树立了榜样，此举极大地鼓舞了其他经理。随后几个月，整个公司都出现了员工之间坦诚相待的良好局面，大家纷纷仗义执言，有效地解决了存在的问题。

在这个案例中，尽管肯和首席执行官不是身穿白大褂的研究人员，但他们同样成功地利用了社会影响力。他们都是值得尊敬的个体，都表现出打破常规的行为和坦诚直言的特质。如果首席执行官只是嘴上说说，并不真心推动行为改变，实际上也无法实现变革。如果只是采用言语规劝，他的影响力肯定会大打折扣。正相反，这位大老板不但鼓励下属坦诚相待，而且亲自实践，高调推动，大力表彰第一个敢于说出真实想法的人。

当受人尊重的个体尝试关键行为并取得成功时，仅此一项对变革产生的推动作用便远远大于其他所有影响力之和。但是这里有一个非常重要的前提，即榜样对行为改变的推动力量取决于他在群体中受尊重的程度。我们曾为某中型胶合板厂提供过咨询服务，这家公司的人事经理试图推广一项培训活动，为此她专门请公司总裁在视频中对培训活动进行说明。在视频中，这位总裁最后说道："我鼓励每一位员工把培训内容牢记在心。"

没想到的是，当人事经理在第一堂培训课上播放视频之后，很多人开始讥讽嘲弄公司总裁。原来，参加培训的人非常讨厌来自公司总部的任何决定。他们认为公司总裁是个十足的伪君子，让他来推广宣传无疑降低了培训活动的可信度。

这说明，有些人能对他人产生巨大的影响力，有些人却做不到这一点。更糟糕的是，有些人的做法往往适得其反，对变革项目产生反作用。那么，怎样才能确保你树立的是正面积极的榜样呢？对此，世界各地的影响者通常有三种做法。

像影响者一样行动

某医院的护理主管每次开会时都会分享上一周的"好事、坏事和麻烦事"。她总是先分享自己观察到的问题,这样等于为其他人树立了榜样,让她们感觉到不加掩饰地说出棘手问题和做错的事情其实很轻松。

等别人描述遇到的问题或出现的烦恼时,这位主管会以赞扬的语气说:"这个看法很不错,谢谢你注意到这个问题。"她以实际行动证明乐于接受下属的直言不讳,这样整个团队才能总结经验教训,更好地改善以后的护理服务。

成为行为榜样

要寻找社会影响力,首先要学会关注自我。换句话说,想让别人改变行为,先要问问自己够不够资格,想想看大家为什么要效仿你。

当我们要求别人改变行为时,很多新的行为往往让人在身体或心理上难以接受,还是采用以前的做法更为省心省力。换言之,你是让他们走出熟悉和舒适的行为模式,跳进一个充满不确定性和各种困难的新世界。

南苏丹的电信和数字服务商 MTN 公司首席执行官穆罕默德·西迪克就遇到了这样的问题。西迪克走马上任时,面对的是一群对管理者极不信任的员工。由于南苏丹的政治冲突和经济动荡,当地的货币急剧贬值 85%,员工领到同样数额的薪水,今年能购买的物资只有去年的 15%。此外,在员工眼中,公司管理层对他们的经济状况根本毫不关心。

西迪克要解决的是另外一个问题。这里员工的积极性和生产率水平极低,他必须迅速扭转局面。要想取得进步,他知道必须依靠全体员工的投入和付出。于是,西迪克开始培育一种新的关键行为,他想让每个员工都能说出内心的真实想法,无论对方的地位或职务有多高。

这个想法让所有的员工都大吃一惊。首先，在南苏丹这是一种违背传统文化的做法。在这里谁应当和谁说话有严格的潜规则，至于谁可以反对谁就更谈不上了。其次，当地人认为西迪克是给他们带来工资问题的元凶之一。他表示如果大幅度加薪的话公司会无法生存，现在他又要员工采用令人难以接受甚至充满风险的做法，这怎么可能呢？

令人心痛的事实

当你要求别人做出改变时，他们首先会判断你这个人的可信度（西迪克的员工就是这么做的）。他们会分析你过去和现在的每一个举动，以便回答这样一个问题："我为什么要相信你？为什么要效仿你的做法？"不仅如此，当你的行为模棱两可时，他们根本不会给你解释的机会。在充满不信任感的环境中，任何模棱两可的行为都会被理解为是负面和充满敌意的，这是一个令人心痛但无法改变的事实。更糟糕的是，任何行为都可能是模棱两可的。

比如，我们曾为某金融服务公司首席执行官克里斯提供过咨询服务。为了把部门化企业变成团队式和跨部门合作型企业，他的公司最近进行了重大的重组活动。为了顺利推动变革，克里斯和传播团队设计了漂亮的咖啡杯，在上面装饰了以前的公司名称和宣传语。当杯子里倒满热咖啡时，表面的热敏材料便会发生作用，逐渐显示出新的公司名称和宣传语。有一天早上，克里斯和一位同事乘坐电梯，他指着对方手里的杯子说："这个杯子怎么样？"没想到对方嘟囔道："肯定又要裁人了！"

克里斯很吃惊："为什么？"

"这杯子比原来的小多了。"

克里斯还是一头雾水："你的意思是……"

那位员工回答道："这不是很明显吗？公司为了省下饮料费不惜缩小杯子尺寸，那不是离裁人不远了吗？"看，这就说明任何行为都可能充满歧义，人们只会按照自己期望的方式加以理解。

这就是问题所在。当你要求人们接受不确定性，要求他们做出改变时，他们会从你身上寻找线索。他们会关注你的行为方式。很不幸的是，他们在理解你的行为时会充满偏见，将其视为当前问题或不信任感的体现，而非解决问题的努力。因此，为了鼓励他们做出改变，你必须提供明确的、毫无歧义的证据让他们相信你。但是，究竟应该怎样去做呢？

打破旧传统，建立新价值

有人说建立信任的前提是时间。他们认为要建立社会影响力，必须在目标群体中慢慢建立信任关系。从这个角度来说，"时间可以证明一切"绝对是一条真理。但是对西迪克来说，这种观点显然行不通。他是新任命的首席执行官，来到自己并不熟悉的国家，必须马上改变员工的行为——他可没有十年的时间慢慢熬。

幸运的是，在这个问题上时间理论并不靠谱。实际上，西迪克只用了几个月时间就对团队形成了巨大的社会影响力，引导员工行为实现了重要转变。面对员工对其行为的各种质疑，他到底是怎样清晰准确地提出令人信服的行动目标的呢？原来，西迪克发现做出牺牲是一种有效的影响力加速剂。

西迪克的第一个举动在南苏丹文化中可以说是史无前例的，他不但聆听了员工的心声，而且向他们道歉。在和员工举行的公开讨论中，他认真听取了员工的意见，努力关注货币贬值给员工带来的巨大痛苦。他非常同情员工的困难遭遇，鼓励大家想办法渡过难关，但同时指出企业要想生存（让大家保住工作）肯定不能只靠管理者，而是必须依赖所有员工。这番话让大家感到他非常坦诚，不少人觉得这是头一次听到公司管理者谦卑真诚地道歉。就这样，员工原本坚硬的内心开始松动软化了。

接下来的消息更加令人震惊。上周末，西迪克带着7岁的女儿看望了贾法一家人。贾法是MTN备受尊重的老员工，在公司担任门卫，和西迪克的职位相差了整整十级。公司总裁的到访让这家人受宠若惊。西迪克按照约定的时间来到贾法家，向他的家人表示敬意。他问候了和贾法一起生活的父母，询问了家里的情况，对贾法的辛苦工作表示感谢，承诺将尽力改变员工的待遇，然后才告别离开。

接下来的每个周末，西迪克都会拜访员工当中意见领袖的家庭。几个月过去了，大家对西迪克的拜访活动不再冷嘲热讽，更多的人开始认为这是一个值得信赖的人、一个可以支持的人。

当你要求人们做出破坏性、非常困难，甚至是令人害怕的行为改变时，只有动情的呼唤是没用的。要想强化对目标群体的影响力，你必须清楚别人不需要你的长篇大论，甚至会误解你的行为举动，真正有效的做法是做出某些牺牲。你必须用不容置疑的证据时常证明你的诚意，表明你言行一致。如果你希望别人做到开诚布公，那么就必须用牺牲证明你的诚意。MTN的员工以前只见过历任管理者自命不凡，在他们眼中大老板从来都是那个模样。

但是新来的首席执行官似乎不同，他愿意和大家平等相处，有时甚至甘愿为员工服务。他呼吁开诚布公的对话，他倾听员工的意见，他愿意为存在的问题道歉，他深入员工家中拜访——这绝对不是一个只耍嘴皮子的人，而是一个言出必行的人。更准确地说，为了彰显新价值的重要性，他不惜以牺牲老的价值观作为代价。正因为如此，西迪克只用了几周时间就让员工意识到，开诚布公的企业环境以及对结果和关系的重视，要比盲目服从权威重要得多。

既然做出牺牲有助于他人正确理解我们的行为，信任我们的观点和行动，那么我们来分析一下可以加速信任感的四种具体的自我牺牲。

（1）时间。西迪克之所以成功，是因为他在不同程度上做出了牺牲，其中一项重要的牺牲是个人时间。当人们听说他要拜访员工家庭时，大家都很想了解细节，想知道他说了些什么，做了些什么，坐在什么位置等。更重要的是，他在员工家里待了多久。我们都知道时间是一种宝贵的有限资源,每个人每天拥有的时间都和别人一样多,谁也不会占有更多。因此,它是个人价值的一种可靠体现,付出个人时间就等于付出个人价值。此外,时间只有长短之分并无贵贱之别。在员工家中短暂停留5分钟,还是坐下来喝杯茶,聊上1小时,由此产生的影响肯定是天壤之别。简而言之,要想真正说服别人信任你,首先要学会牺牲个人时间。

(2)金钱。"9·11"事件发生后我们(本书作者)成了赫兹租车公司的忠实顾客。当恐怖袭击发生时,我们正在达拉斯出差。由于所有航班无限期停飞,我们一时间无法尽快赶回家中和亲友团聚。后来我们给赫兹公司打电话,询问从达拉斯开车2 500英里到盐湖城要花多少钱,结果对方的答复是:"一分钱也不用花,赫兹公司买单。您可以把车开到任何地方,和家人团聚,然后在附近的赫兹店还车即可,无须支付任何费用。祝您一路顺风!"我们简直惊呆了。

在这种情形下做出这样的牺牲让我们马上对赫兹公司产生了极大的好感。我们知道这家公司总是宣传客户服务,它的广告也始终强调这种理念,但这件事让我们真真切切地感受到它的确是关心顾客的。原因很简单,在面对危机时赫兹宁愿放弃利润(至少短期内是这样),也要更好地服务顾客,这种做法怎能不令人心动?可以肯定的是,所有愿意牺牲金钱服务顾客的人都是真正关心顾客的人。

(3)自尊。如果你把事情办砸了,那么就坦然接受事实。我们每个人都有丢脸的时候,我们的做法和希望培育的关键行为南辕北辙,成为别人眼中的伪君子。不过不用担心,这又不是世界末日。实际上,只要处理得当,坏事也能成为增强信任感的好事。怎么做?放下你的自尊心。

我们曾为某公司一位叫利兹的管理者提供过咨询服务。利兹是吉隆坡一家公司的设备经理,负责质量改善工作。有一天在员工简报会议上书面答复问题时，她读到了这样一段话："昨天你和来自日本的高管说好要来参观后勤部，我们整个团队花了整个周末的时间进行准备，结果你们没来。"利兹的脸腾地一下就红了，她把卡片甩到桌子上，摘下眼镜说："昨天我有一个重要决定要做。到底是该花两个小时陪领导参观，还是用这段时间讨论公司的未来发展，我选择了后者。就算今天重新选择，答案还是后者。好了，下一个问题！"刹那间，整个会议室陷入了令人难堪的沉默。

利兹很快就开始后悔了，她意识到刚才的做法破坏了员工对自己的信任，意识到自己违反了亲自确定的关键行为（不包括在会议上打击别人和发飙）。幸运的是，这一切在第二周的会议上得到了改变。会议刚一开始，利兹就起身走下讲台，低下头动情地说道："上周我的做法让大家很失望。"利兹描述了事情的经过，然后做出了这样的总结："希望各位能原谅我，这种做法是无法令人接受的，我保证以后不会再犯。"后来，她真的再也没有这样做过。

有意思的是，这番道歉对员工信任感带来的影响力远远大于上次会议没有犯错的话产生的影响。通过当面道歉，大家意识到这位管理者对公开、尊重等价值的重视远远超过对个人自尊心的重视。她愿意牺牲后者来成全前者，这是非常难能可贵的。其实你也可以做到这一点，人非圣贤，犯一两次错是非常正常的。只要你能放下自尊心，关注真正重要的价值，事情就一定能够挽回。

（4）优先关注点。有一段时间，某公司的员工曾误解过首席执行官对企业形象的看法。当企业资金有限时，这位老总花钱安装了高科技厂房门厅，忽略了在酷热的工作区安装空调设施。在员工看来，对戴恩来说似乎做好门面功夫要比满足员工需求更重要，至于聆听大家的心声就更谈不上了。

这种观点有一天终于得到了改变。有一次 CEO 主持一场 90 分钟的员工大会，刚刚进行到 15 分钟时他的秘书匆忙走进来说："大客户已经来了两小时了。"本来和大客户会面的时间安排在员工会议之后，讨论的内容是一个价值数百亿美元的订单。CEO听到后停止了讲话，脸上的表情令人难以琢磨。如果这时取消员工会议，在座的每一个人都能理解。但是CEO并没有这样做，而是委派首席运营官去向大客户道歉。他决定继续主持会议而不是亲自迎接贵宾，这种做法马上在13 000多位员工的心里引发了巨大的反响。通过放弃员工先前认为的优先关注点（取悦顾客），CEO强调的真正价值（聆听员工意见）马上变得真实可信，有效地鼓励了其他人效仿。也就是说，放弃旧的价值观，支持新的价值观，这种牺牲能为你赢得很大的信任感。

总而言之，在通过社会支持推动变革时，首先要关注的是你的个人行为。你要扪心自问的是："别人为什么要相信我、效仿我？"然后，要让别人相信你对关键行为的支持，你必须学会做出自我牺牲，牺牲其他重要价值。要让你的关键行为真实可信，最好的办法就是牺牲你的时间、金钱、自尊心和优先关注点，以此表明你关注的目标对你来说真的至关重要。做到了这一点，你的社会影响力就会迅速攀升。

利用正式领袖和意见领袖

我们知道，引导者对于激励他人采用关键行为具有重要的推动作用。来自正式领袖的影响（如企业首席执行官或身穿白大褂的研究人员）可以显著改变相关群体的行为方式。因此，要想影响行为改变，学会利用管理系统非常重要。聪明的影响者会花大量的时间引导正式领袖，以确保他们利用其社会影响力鼓励关键行为的采用。他们会为正式领袖制订具体的行动方案，确保后者能定期教导、鼓励、赞扬和支持那些采用新行为模式的人。

实际上，管理者只是需要利用的资源之一。还有一个群体也能对变革活动形成显著的社会影响力，其作用之大甚至能决定活动的成败。要了解这个群体有哪些人以及怎样争取他们的支持，我们来看看埃弗雷特·罗杰斯博士的经历。罗杰斯对影响力理论做出了伟大的历史贡献。其理论对于指导父母、教练和管理者更好地应用社会影响力具有重要的意义。[4]

大学毕业获得社会学和统计学博士学位之后，罗杰斯在一所大学的推广服务部找到一份工作。他的任务是向艾奥瓦州的农民推广新式改良玉米种子。还有比这个更简单的工作吗？新的种子不仅产量更高，而且能有效防治病虫害，为农民带来更大的收益。

可是在推荐种子的过程中，罗杰斯很快发现农民对他的教育水平和大学背景根本不感兴趣。换句话说，他根本不是这个群体中的一员。这些农民的衣着和他完全不同，他们手上长着厚厚的老茧，他们读的杂志和看的电视节目也和罗杰斯不一样。除了大家都讲英语之外，这些人几乎和罗杰斯没有任何共同之处。

一开始，罗杰斯认为这种区别的存在对自己有利。他觉得农民肯定会听从自己的建议，因为他具备农民并不具备的经历。他深入研究过农民应当种植的作物，向农艺学专家学习了不少经验。罗杰斯甚至认为在讲课时农民会认真地记笔记，热情地感谢自己帮他们提高作物产量。

然而事实并不是这样，罗杰斯吃惊地发现情况和他的预料完全相反。在农民眼中，罗杰斯的出现是个奇怪的错误。这个人一脸幼稚，一口城里话，从来也没耕种过一块田。没错，他是读过不少书，可如果弄错了怎么办？谁敢听信一个毛头小伙的话，把一年的收成押上作为赌注呢？肯定谁也不干！

一次次地遭到拒绝之后，罗杰斯变得非常困惑和绝望。他心里想，如果大家都不采用新的方案，那么开发创造的产品再好又有什么意义呢？所谓文明，其优势不就在于人们愿意放弃旧的低效的方式，转而采用新的高效的方式吗？显然罗杰斯正是掌握新方式，能够帮助农民的人，但为什么大家就是不买账呢？

试想一下如果人们不尊重他（事实也的确如此），罗杰斯博士会怎么做？实际上，人们不愿采用新方案的原因恰恰在于推广人是罗杰斯。或许，他应当找一个愿意种植新种子的农民，等玉米丰收之后别人自然就会效仿了。只要找到愿意第一个"吃螃蟹"的人，可以说罗杰斯就成功了一半。

后来他终于找到一位农民尝试种植新的种子。不过，这个人跟其他农民不大一样。他是个挺时髦的家伙，整天穿着沙滩裤，开着凯迪拉克四处兜风。这个人喜欢追求新事物，使用新的种子后，果然实现了大丰收。这下子，眼红的邻居们该积极做出改变了吧？

错，大家还是无动于衷。

原来，农民们不愿使用新种子是因为他们不喜欢这个身穿沙滩裤的古怪家伙。他们既看不上对如何种地指手画脚的毕业生，也懒得搭理整天特立独行的怪人。

这次彻底的失败从此改变了罗杰斯一生的方向，他开始研究创新活动在社会体系中的具体实现过程。他想搞清楚为什么有些创意能迅速得到应用，有些最后却以失败告终。他想弄明白为什么有些人善于鼓励他人采用创新，而其他人却无法做到这一点。

在这个过程中，罗杰斯研究了所有的行为改变案例。他探索了新药在医生之间的推广过程，观察了录像机等新技术是怎样流行起来的。此外，他还研究了各种新式产品和技术发现。随着研究的深入，罗杰斯惊奇地发现很多伟大的创意都会胎死腹中。例如，瓦斯科·达·伽马绕过好望角进行世界航行时带了160个水手，但由于坏血病最后只有60人成功返航。幸运的是，1601年有位名叫约翰·兰卡斯特的英国船长找到了治疗坏血病的方法。他每天让水手喝一小杯酸橙汁（lime juice），结果再也没有人得坏血病。可是，这种卓有成效的治疗方式竟然花了近200年时间才得到普及。一开始很多人都嘲笑英国人的古怪做法，由此派生的单词"limey"指的就是"英国佬"。[5]

罗杰斯吃惊地发现，有好的创意并不代表人们会积极采用。决定创新活动能否得到广泛接受，根本在于这种创新能否得到某个特定群体的支持。结论就是这么简单。罗杰斯发现，最先理解新创意的人在很多方面都与众不同，他把这些人称为"创新者"。创新者即那些身穿沙滩裤的人，他们善于接受新思想，比普通人更为聪明。但这并不是重点，要让大多数人都采用关键行为，关键是找出创新者，然后像躲避瘟疫一样远离他们。没错，如果让他们推动新创意的采用，结果会败得非常难看。

愿意尝试创新的第二个群体，即罗杰斯所称的"早期接受者"，其中很多人是日常所说的"意见领袖"。这是一个非常重要的群体，约占被影响者的13.5%。意见领袖比常人更聪明且思想开放，善于接受新观念。他们和创新者有一个显著的差异：意见领袖受人尊重，拥有广泛的社会关系。这才是实现影响力的真正奥秘。至于其他85%的人群，他们会完全效仿意见领袖的行动。

这就不难明白了，罗杰斯找到那个时髦农民试种新种子，其实是给自己帮了倒忙。就种植方法而言，这位农民可以说是创新者，他是第一个在当地采用新种子的人。跟很多创新者相似，他的做法引发的是旁人对新做法的怀疑而非支持。其中的原因是，他是一个在很多方面和大多数农民格格不入的人，他的所作所为被别人看作离经叛道，因此他是大家眼中的危险分子。换句话说，他在这个群体中既不受人尊重，也不具备广泛的人际关系。

罗杰斯后来意识到，如果一开始能精心挑选农民中的意见领袖推广新种子，结果肯定会比现在好得多。

了解了意见领袖的这一重要作用，不难想象影响者肯定会经常使用这一手段强化影响力。例如，唐·贝里克和医疗促进协会在影响美国医生的行为方式时，就成功地利用了"引导者"方案。这些引导者是医生们高度信任、经常参与的协会和研究团体。只要引导者表态，他们就一定遵从。

同样，霍华德·马克曼博士在影响美国夫妻的沟通行为时也寻求了意见领袖的帮助。他发现为教堂牧师举行培训很有帮助，因为他们能有效地帮助夫妻解决生活中的问题。试想一下，和令人信服的牧师相比，随便一个身穿沙滩裤的人给你讲夫妻经营之道，你会相信谁？

那么前面提到的麦地那龙线虫案例在这种情况下也适用吗？答案是肯定的。没有当地酋长或德高望重者的支持，霍普金斯医生及其团队肯定不会贸然深入病区。在此基础上，他们会在各个村落或部落物色受人尊重的村民，通过这些村民教导大众掌握消灭麦地那龙线虫的关键行为。试想一下如果没有这些意见领袖的支持，单枪匹马地深入病区挑战传统的观念和行为方式，这种努力怎么可能取得成功？他们肯定会被当地人视为异类。

正因为这样，霍普金斯颇有感触地说："我们传达的信息固然重要，但由谁传达信息更加重要。"

有趣的是，即使你没有真正的意见领袖，但他们的影响力依然存在。我们在前面的案例中提到过，电视和广播节目里的英雄也能成为意见领袖。例如，在印度的一个村庄卢萨安，村民在听完广播剧《幸福的小事》后，郑重约定要让家里的女孩子接受教育。[6] 这是一档富有教育意义的节目，讲述一个乖巧的女孩被迫早婚，最后因为难产而死。广播剧催人泪下的描述引发了很多听众的同情，超过15万人给电台写信表达自己的感想。由于对主人公的死深深感到惋惜，卢萨安村的184位村民在巨大的海报上按下手印以示对女孩的纪念和支持。

有位听众对负责调研此节目影响力的阿文德·辛格哈尔博士说："我肯定不会让自己的女儿在18岁之前出嫁。听这个节目之前，我原本打算让女儿早点结婚，但现在不这么想了，而且我还鼓励别的家长也这样做。"

这个节目有一个特点，每次结尾时都会请一位社会名人提出思考问题，呼吁社会行动，鼓励大众讨论。从这个意义上说，它发挥了双重意见领袖的作用。社会名人发表的评论和剧中人物的行动很好地利用了社会影响力来推动行为改变。

像影响者一样行动

在丹尼·麦耶的一家餐厅里,有位顾客问服务员在麦迪逊大街哪里可以买到好的雪茄。服务员表示并不清楚,不过餐厅有位同事刚从波多黎各回来,带了不少高级雪茄。说完,这位伙计很快领来了这位同事,送了客人一支雪茄作为礼物。然后,向饶有兴趣的顾客介绍起卖雪茄的地方以及制作雪茄的有趣细节。

听说这个故事后,丹尼请这位服务员担任餐厅的服务导师。服务导师是从受人尊重的意见领袖中挑选出来,能帮助新员工成长,鼓励他们接受和认同公司价值观与行为规范的人。正是因为有效利用意见领袖鼓励关键行为的采用,丹尼的餐厅才会变得如此成功。

罗杰斯的发现对于管理者、父母和普通人都具有重要的意义。在变革活动中,你不用担心该怎样同时影响每一个人。如果你的公司有1万名员工,你应当找出其中500多个让每个人都信服和效仿的意见领袖。如果你管理的是20人的团队,只需关注其中两三个对其他人具有影响力的个体。然后,你应当多花时间和他们在一起,聆听他们的意见,取得他们的信任,接受他们的看法,通过他们分享你的观点。只有这样,才能实现巨大的影响力。

你不用担心意见领袖能否发挥作用。实际上,"意见领袖"这个词的定义就决定了他们一定会发挥作用。

他们会始终观察、判断你的影响力策略,这是意见领袖的任务。然后,他们会对你的观点表示支持或反对。因为备受尊重且具备广泛的人际关系,意见领袖会对其他人产生影响,进而决定你的影响力策略能否成功,无论结果你是否接受。

大型企业的意见领袖是否难以确定呢?其实不然,要找到他们很容易。意见领袖通常是最受员工爱戴和朋友最多的人,只要让大家列出员工心目中最有影响力和最受尊重的人即可。然后，你可以从名单中选出出现次数最多的人，他们就是意见领袖。找到意见领袖之后，你就可以通过他们推动行为改变了。

开发新的行为规范

我们曾询问过世界上最可怕的监狱的典狱长，问他对影响力有何看法。此人在高墙之内拥有巨大的权力，他能指挥数百位武装警卫，可以随心所欲地扣押、监禁犯人并给他们戴上镣铐。我们问："让人们改变行为最快的方法是什么？"他毫不犹豫地回答："嘲笑他们。"

像影响者一样行动

某公司的生产经理希望提高产品质量和工厂的生产率。他决定用两队人马共同推动这项活动，这两拨人分别是厂内的工头和工会选举的代表。工头是工厂的正式领袖，工会代表是员工中的意见领袖。当然，这位经理必须说服意见领袖，让他们相信参加这次活动对他们自己和全体员工都是好事。

说服意见领袖之后，公司的培训活动开展得非常顺利。生产经理后来表示，工会代表在应对心存疑虑的员工方面表现得很出色。这是因为，员工更愿意信任的是他们而不是工头。

典狱长的话颇有几分道理。如前所述，一个微小的社会线索（如嘲笑）会对人们的选择造成深刻的影响，甚至能让我们大多数人忽略自己的道德情感。还记得本章开头提到的白大褂吗？他们的一句"实验要求你必须继续"就能让我们乖乖就范。

为什么会这样？答案在于这句话中蕴藏着一条强有力的信息——"服从即正常"。那位典狱长很聪明，他很清楚嘲笑是指出他人不正常的有效手段。每当别人嘲笑我们时，由此而生的羞耻感会马上阻止我们重复某种行为，无论这种行为是好还是坏。

明白这一点我们就不难理解了，对任何变革活动而言，不正常的行为规范可以说是最大的障碍。如果你认为错误的行为在别人眼中是正常的，那么你就有大麻烦了。尽管可以利用其他影响力来源抵制长期行为规范，但是如果无法建立新的行为规范，那么你推动变革的努力还是会以失败告终。

好消息是，只要形成了新的行为规范，变革便会势不可当地到来。我们需要考虑的问题是怎样才能形成新的规范。对此我们有以下两个建议。

（1）从闭口不谈到开诚布公。

（2）承担双重责任。

从闭口不谈到开诚布公

不正常的行为规范都是沉默文化导致的。你在生活中肯定也经历过类似的情形：大多数人都知道这种行为是错误的，要付出巨大的代价，但却没有人公开指出问题。

例如，多年来我们在对美国、泰国、澳大利亚和英国医疗行业进行研究的过程中，发现其中存在着严重的沉默文化。我们的研究目的是想了解为什么每年会在医院出现数以万计的患者感染案例，这是一种非常可怕的情况。

在向护士和医生询问新生儿病房的婴儿是怎样受到细菌感染的时，她们表现得有些顾虑，四处张望之后才压低声音告诉我们答案。第一次出现感染是因为医生没有按规定正确穿隔离衣、戴橡胶手套或清洗双手。第二次感染是因为护士在给婴儿做静脉注射时，在无菌手套顶端剪了一个洞，以便露出指尖工作。这样做是因为婴儿的血管很细、很难找，露出指尖可便于确定血管位置。但是，这种做法严重违反了安全规定，很容易把病菌传染给毫无抵抗力的婴儿。

但是这不是我们要关注的重点。这家医院存在的问题不只是医生或护士违反安全规定,更大的问题是这里有一种强大的力量迫使人们对卫生安全和其他问题讳莫如深,结果成为沉默文化的可怕同谋。换句话说,这里普遍存在的社会准则规定人们必须保持沉默。7 在医院系统中,简而言之,这种准则即"服从上级(如医生或护士长)比保护患者更重要"。

可想而知,如果这种传统规范得不到改变,这里的行为改变必将付诸东流。在这个案例中,我们要打破的正是面对问题保持沉默的错误行为。需要再次强调的是,这里的根本问题不是重要人物违反规定的行为。阻碍医院改善医疗安全的最大障碍是无处不在的沉默文化,这才是催生问题的根本原因。如果不能公开讨论问题,我们就无法做出改变,现在的问题恰恰是人人都对问题视而不见、避而不谈。

如果读了这些案例你还是会忘记穿隔离服,那么你的问题依旧存在。我们曾走访过各种各样的组织机构,发现这种沉默文化无处不在,其直接导致了商业和政府机构中各方面错误行为的产生。例如,我们曾对项目管理进行过国际研究,了解高风险项目和活动出现重大失败的比例。我们发现,绝大多数产品发布、企业重组、兼并和改良活动,结果不是失败就是令人失望。总体而言,约有 90% 的重大项目在进程、预算或质量标准方面出现过严重问题。

于是我们开始探索这些问题背后存在的原因。我们发现,在这些正在实施的项目或活动中有 88% 一开始就不被看好,从启动之初就有人认为终会失败,但他们并没有提出自己的看法,而是将错就错地继续工作。对于这种项目,很多人会形象地称其为"跳火坑项目"。

随后我们了解到失败的真正原因:受访者中只有不到 1/10 的人认为应该向上级当面指出项目存在的问题。尽管大多数人很清楚资金不足、工期过紧、士气低下等问题最终会葬送整个项目,但问题是没有一个人,甚至连项目经理在内,愿意当面指出这些问题。

那么,改变错误行为规范的第一步该怎样做呢?很简单,打破导致现状不断恶化的沉默文化。只有从闭口不谈到开诚布公，你才能顺利实现社会影响力。换言之，要想实现行为改变，首先必须改变环境，做到人人敢于指出和讨论存在的问题。

要了解具体该怎样建立新的行为规范，我们回到印度村庄卢萨安看看他们是怎样通过广播剧《幸福的小事》来影响公众意见的。[8] 虽然在这个案例中村民们遭遇的不是医院患者感染或项目失败，但他们也必须面对强大的社会准则带来的问题，而且他们的问题也是难以公开讨论的。

在剧中，令人喜爱的女主角没有机会接受教育，被迫很早嫁人，结果死于难产。由于剧情震撼人心，卢萨安的很多听众开始想办法改变长期存在的让女孩子早婚的陋习。但是真正推动社会准则发生巨大改变的力量是什么呢？阿文德·辛格哈尔博士认为，广播剧如此巨大的力量源自它能把以前讳莫如深的话题变成公开讨论的话题。只有把长期存在的观点拿出来让公众随时讨论，最终才能破除陋习，建立新的社会准则。

该广播剧在印度播出之前，数百万人曾向他们的朋友、子女和同事施加压力，要他们遵守传统习俗。这种同辈压力会产生巨大的影响。尽管有些人已经改变了关于女孩子的传统看法，但还是很难公开和别人讨论他们的观点，因为这样很容易被大众视为不尊重传统。此外，还有很多人虽然对传统习俗心存疑虑，但同样不敢公开探讨，因为这在印度几乎是不可能的事。

面对重重压力，影响者决定采用讲故事的方式（创造间接体验）解决问题。他们并没有大肆批判旧习俗禁锢印度女子的种种罪恶，因为长篇大论只会引发人们的抵制和反感。与此相反，他们设计了令人怜惜的广播剧主人公，通过她的个人生活揭示存在的社会问题，让无数听众自己去回味。这个节目不仅吸引了很多家庭热烈讨论传统习俗的利弊，而且在每一期结尾让社会名人提出发人深省的问题，促进大众对社会现象的思考。

当剧中人物最后以悲剧收场时，收听节目的家庭开始进行讨论。他们会帮助别人思考问题，然后和自己的朋友、同事、邻居以及家人进行探讨。就这样，原本私下讨论的内容冲破阻力成为公众话题，原本令人讳莫如深的问题现在变成了人人参与的话题，几个世纪以来让印度人民不敢面对的问题突然成了人们在街头巷尾热议的话题。

利用这种方式改变社会准则的情况在其他地方也经常发生。例如，在某个世界知名的学术型医院，管理者正努力推动变革，改善医生在照顾病患方面的服务质量。在这里很多医生只关注研究病情，很少关心该如何改善服务，以前这种问题从来没有被公开讨论过。

经过调查，我们搜集整理了50个患者的悲惨经历，然后交给医院的首席医疗官阅读，结果只过了一个周末就出现了积极变化。这位医疗官后来告诉我们："周五晚上回到家里，我倒了一杯红酒，开始坐下来阅读。三个小时后我读完了全部50个故事，内心受到了极大的震动。"

到了周一早上，原来大家不愿探讨的问题一下子变成了医院的热门话题。通过分享阅读患者的经历，大家不再交头接耳地低语，而是积极面对存在的问题。显然，只有消除了沉默文化，表面的风平浪静才会被打破，你才能向成功变革迈出坚实的第一步。

总而言之，要改变陈旧的行为规范，你首先要探讨旧规范和新规范，没有这个前提就谈不上什么改变。

像影响者一样行动

Spectrum Health公司的成功非常令人称道。为医院安装完新系统之后，他们成功让90%的医生在短短几天内采用新式电脑处方软件。这项重大行为改变之所以能够成功，其中一个重要原因是让意见领袖给每一个医生打电话，通知他们接受规定的系统使用培训。

在此之前，医院里常见的做法是尊重他人的"专业权力"。如果某些医生不遵守新的规定，这种行为往往是"不能当面讲的"。通过有威望的医生和这些人进行沟通，Spectrum Health 公司成功地改变了这种错误的行为规范。新的行为规范传递的信息非常明确，带来的效果也十分显著。新系统的采用很快得到普及，随着治疗失误现象的急剧减少，患者的生命安全得到了很好的保障。

承担双重责任

要了解建立新规范的第二步，我们先回头想想前面那位典狱长说过的话。他告诉我们："让人做出改变最快的办法是嘲笑他们。"虽然当面讥讽算不上一种合理的影响力手段，但我们的确发现变革的快慢取决于你帮助对方主动担责的速度（除了取笑他人之外的其他方式）。无论是鼓励正确行为，批评错误行为，抑或是两者兼而有之，新规范的力量取决于人们能否始终如一地面对问题和改变问题。

关于这一点，恐怕没有人比西尔伯特博士更清楚了。在迪兰西公司的期末典礼上，旧金山地区的 500 位员工全部出席，兴奋地等待即将到来的重大时刻。没错，这一天是毕业日，它意味着有些员工将要承担更大的责任，有些员工将接手新的工作，还有些员工将拿到自己的高中毕业文凭。虽然新手只是从维修班毕业，所从事的是非常简单的工作，但他们将要体会到的成就感和即将领取大学学位的感受不相上下，同样令人激动不已。

员工们围坐一堂，等待着毕业典礼开始。第一次参加典礼的人脸上满是紧张的表情，他们一会儿要站在 400 多人面前，但根本不知道该怎么做。在紧张中听到自己的姓名，他们慌忙起身，接着听到有人宣布毕业，顺利完成维修工作，即将分配到餐厅服务。

紧接着，他们听到了一生中从未听见过的美妙声音。他们步履笨拙地走向台前，四周的掌声如潮水般涌来。

西尔伯特说："这是最激动人心的时刻。他们掩面而泣，台下是热烈的掌声。这些五大三粗的家伙哪里经历过这种场面，紧张得连手都不知道该怎么放，可心里却充满了暖流。"

为什么会这样？很简单，西尔伯特深知该怎样完成自己的主要目标。她知道，这些员工以前的各种违法罪恶和反社会行为具有强大的社会环境作为支撑，因此很难改变。换句话说，近朱者赤，近墨者黑，犯罪分子在群体环境下最容易发生变化。正因为如此，要想改变他们，迪兰西公司必须为每一个员工提供同样强大的支持正确行为的社会环境，这就是西尔伯特的秘诀。她的做法是让迪兰西公司建立全新的文化和正确的做法，以此引导员工弃恶从善。

这就意味着从加入公司的第一天起，每个员工都要经历同伴的赞扬和批评。鼓励人人指出他人的错误，这是迪兰西公司倡导的关键行为之一。西尔伯特花费了很大的心血，在员工的日常生活中建立起正面和负面反馈系统。因为这些明确而频繁的反馈信息源自具有相同生活经历的同伴，因此会对新员工形成重大的影响。

迪兰西公司之所以能够成功推动行为改变，其中一个重要原因是善于利用二三十位正式或非正式的意见领袖，他们对每一个员工的情况一清二楚。员工詹姆斯告诉我们："如果你的母亲去世了，其他人知道后一定会过来表示安慰。在这里我们随时随地都要关心别人的状况，做不到这一点，我们就无法取得成功。"

利用具有影响力的人物不断提供正面和负面反馈，迪兰西公司的员工意识到要做出改变根本毫不费力。正因为如此，90%的员工在离开这里之后能继续坚持正确的做法，从此远离犯罪道路。

尽管做出改变似乎并不困难，但这些曾经的犯罪分子必须要做的是迈出第一步。

在迪兰西公司人人都可以选择随时退出,这里的大门是为了迎接新生而不是锁闭陋习。尽管来去自由,但冥冥中好像有一股巨大的吸引力能把每个员工拉进全新的社会圈子,让他们远离过去的生活。这些曾经名噪一时的毒贩、黑帮分子和小偷,生命中第一次感受到有人长期对他们表示关心。诚然,这里的生活要比过去多了不少管理,而且管理的方式可能有些生硬,但不可否认的是,这里的每个人都是发自内心地关心你。在这里每次完成周任务或日任务时,大家都会彼此拥抱、互相鼓励。

更重要的是,这些员工在迪兰西公司第一次感觉到,自己融入了一个鼓励良性社会行为的圈子。相比之下,他们以前的朋友(多半是黑帮成员)从不知道付出,只会向他们索取,让他们不断远离正常的社会生活,直到最后落得锒铛入狱的下场。在这里,他们的新朋友不再是臭味相投的罪犯,而是决意要把他们变成正常人,帮助他们重新走向社会的"过来人"。

这就是西尔伯特成功的奥秘。你必须让每个人意识到,做到100%负责还不够,你应当承担200%的责任。换句话说,你要创建这样一种积极的环境,不仅能让每个人践行关键行为,而且能让大家鼓励其他人对自己的行为负责。做到了这一点,你会实现令人难以置信的巨大变革。

当然,这一概念的应用并不局限于迪兰西公司,它在布基纳法索、波士顿、泰国和世界其他地区的案例中也同样适用。试想一下,怎样才能帮助非洲的村民消除麦地那龙线虫?你应当鼓励他们说服邻居,远离被虫卵感染的公共水源。怎样才能把医院内部的洗手率从50%提高到100%?你应当让每个员工指出他人违反规定的做法。怎样才能帮助数百万泰国人免于感染艾滋病病毒?你应当发动每一个性工作者,通过她们的管理者和意见领袖,要求每个人都100%做到使用安全套。

当影响者把错误行为的代价摆到台面上任人公开讨论时,陈旧的行为准则很快便会土崩瓦解。同样,只有当人们意识到并开始捍卫新的做法时,新的行为准则才会逐渐形成。当有足够多的人能做到承担双重责任时，我们可以断言行为改变一定会成功。

总结：社会动力

受人尊重、具有广泛人际关系的人可以在变革活动中产生巨大的影响力。在充满压力和模棱两可的情况下，他们的一个眼神就足以让人们做出难以想象的行为。幸运的是，这种"引导者力量"（经常被视为具有负面含义）也能用来激励支持社会的行为。

当关键行为难以实施、不受欢迎或是令人质疑时，你应当做好表率。你必须言行一致，不能只耍嘴皮子。实际上，如果光说不练，不愿牺牲传统的价值观，那么别人很难信服你。你必须身先士卒，通过牺牲个人时间、金钱、自尊心和优先关注点的方式做出表率，这样才能成功激励他人做出尝试。

身先士卒固然重要，另外也要争取重要人物的支持，即那些和影响目标有直接接触的人，其中包括正式领袖和意见领袖，这样才能保证大家积极采用新的行为。你应当学习如何发现他们，如何与他们合作。忽视意见领袖会为你的影响力活动带来巨大的风险。

最后，推动变革有时需要改变根深蒂固的传统规范。具体来说有两种做法，首先要公开讨论存在的问题。如果连这一点都做不到，就根本谈不上改变规范。反对者认为公开讨论问题不合适，甚至觉得这些问题根本不能拿来讨论。你必须打破这种沉默文化，用健康的对话机制取而代之。总之，你必须确保人们能够自由探讨高风险和充满争议的问题，包括那些和变革活动相关的问题。

其次，要创建新的规范，让大家彼此监督，鼓励对方为行为负责。对于践行关键行为的人要大力表扬，对于逃避关键行为的人要当面批评。鼓励正式领袖和意见领袖也这样做，为大家树立正确的榜样。最终，你应当推动双重责任的建立,确保每个人不仅自己要采用新的行为,而且积极鼓励身边的人也采用新的行为。

记住,社会影响力是一种能够拨动人们心弦的力量,它深刻体现了我们希望被接受、被尊重和被认同的感受,是一种比其他影响力更强大的力量。无论你是管理者、父母,还是教练,善于利用社会影响力都会带来巨大的成就,因为它能帮助你有效地解决问题。学会利用社会影响力,你就能成功地改变一切。

| 第7章 |

提供支持
社会能力

被风吹走的帽子不用自己去捡,自然有人代劳,你又何必担心?

——马克·吐温

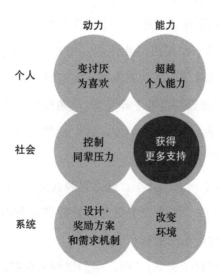

如前所述,他人对我们的行为方式具有非常巨大的影响,这种影响力甚

至超乎我们的想象。因此，影响者非常强调利用这种影响力，以确保被影响者得到足够的鼓励，进而采用关键行为。不过只有鼓励还不够，一个支持的微笑固然重要，但人们还需要授权、信息、培训或亲自指导等形式的帮助，这说明仅有"友情支持"肯定不够。这时，我们应当利用第四种影响力来源——社会能力。

在介绍这种影响力之前，我们先介绍一个案例，看看这位影响者是如何利用朋友的帮助，在南亚地区帮助数百万人成功采用关键行为的。

在印度中部的一个小村庄里，五位家庭主妇围坐在一幢房屋内，她们分别是塔尼卡、卡马拉、达米尼、帕雅尔和萨库尔。此时此刻，她们正在商议人生中最为重要的决定，选择各自即将从事的第一份事业。支持她们创业的是当地一家名为 Ujjivan 的小额贷款机构，该机构的目的是为妇女创业提供资金支持。[1]

这些妇女以前从没有在外面工作过，也没有从事过任何商业经营。尽管她们都很关爱家庭，但没有从丈夫或前夫那里得到任何资助。尽管没有人告诉她们该怎样创业，但她们还是决定组成一个团队自力更生。

今天塔尼卡计划第一个提出创业计划。和方圆几百里⊖很多妇女一样，她的生活极度贫困，因此对创业活动表现得非常迫切。

"我想我可以学朋友查特里办个养鸡场。"帕雅尔有些害羞地说。

萨库尔摆了摆手表示反对："不行，那个投资太大，要申请三四份贷款，我们要考虑小一点的投资。"

"我表姐米塔里租了一辆小货车，好像挺赚钱的。"卡马拉插了一句。

萨库尔还是不同意："那个投资更大，她要花五年时间才能把车买下来。我们是白手起家，要投资小的项目。"

这时，达米尼突然有了主意："啊，咱们做爆米花吧。这个用不了多少钱，

⊖ 1里=500米。

听说附近村子里不少女人都在做。"

塔尼卡接了过来："问题就在这里，做的人太多就挣不到钱了。"

"那你有什么想法？"达米尼向塔尼卡问道。

塔尼卡说："我倒是有个赚钱的法子，没本钱也能做。你们知道吧，我以前靠收头发做假发挣过一些钱。"

萨库尔说："嗯，假发是挺漂亮，可那个也没办法做大啊。"

塔尼卡并不气馁，现在她已经毫无退路，这点小打击根本无法和她的凄惨遭遇相提并论。刚刚过去的事情在她的脑海中一幕幕地浮现出来。三个月前，她的丈夫卖大米只赚了少得可怜的钱。这个男人回到家里开始发疯，骂骂咧咧，毒打妻子，怪罪她是扫把星，然后把她和三个女儿扫地出门。在她所住的村庄，离婚对于塔尼卡和她的孩子来说简直无异于被判了死刑。

或许是天无绝人之路，有一天当她正坐在茅屋里发愁，不知道该上哪里找晚饭时，邻居萨库尔带来了一个好消息。城里有一帮人正在给农村妇女发放贷款，帮助她们自力更生。

萨库尔兴高采烈地说："我们终于要过上好日子了！"塔尼卡也很高兴，那情形就好像萨库尔在城里亲自听到了贷款公司的宣传。

可是塔尼卡很快又陷入了深思，谁会贷款给连饭都快吃不上的人呢？就算人家肯贷，怎样才能找到成功的创业项目呢？

她们围坐的小屋外开始下起小雨，雨滴噼噼啪啪地打在铁皮屋顶上。塔尼卡不慌不忙地继续介绍自己的想法。

"没错，靠编假发肯定不行。不过我知道一个地方收头发，他们用毛囊里的油分生产保健品。要是能有一种新的办法大量收集头发，我可以卖给那家公司，这样能赚不少钱。"

"那你打算怎么做呢？"帕雅尔问道，她是五个人中最害羞的一个。

达米尼说："好啊，我愿意把梳头掉下来的头发给你，反正留着也没用。"

"还有我,我们邻居家里的头发也能收来。"卡马拉接着说。

塔尼卡很高兴,她本来想着跟大家要平日积累的头发,没想到大家竟然主动提供帮助。

"我在想,或许可以花钱雇人到附近的村子去收头发。"她补充道。

"对啊,不过你打算付多少钱雇人呢?"萨库尔问。

"嗨,找孩子们啊!这样花不了多少钱,他们很容易收到头发。"卡马拉提议。

这时,达米尼有了主意:"用玩具啊!我们买点便宜的塑料玩具,谁帮我们收头发就发给谁。这样几乎不用花钱,得到的收入差不多全是利润。"

在主妇们七嘴八舌的建议下,塔尼卡的商业方案具备了雏形。她贷了20美元,买来一大袋便宜的塑料玩具,然后像圣诞老人一样背着它们开始走街串巷收头发。

每次碰到玩耍的孩子,她便走上前说:"只要把妈妈和姐妹梳子上的头发带给我,你们可以随便挑选一个玩具。"

头发换玩具的消息传出去之后,很快便有一大群孩子蜂拥而至。塔尼卡收到了不少头发。卖掉头发之后,她偿还了贷款,然后利用剩余的资金继续扩大业务。

一年过去了,现在塔尼卡已经拥有几百个帮手帮着收头发。她们在每个村子里用玩具收头发,然后卖给塔尼卡,塔尼卡再转手卖给那家公司获利。现在她不用再为孩子们的晚饭发愁了。她不但帮着一家人摆脱了贫困,更重要的是,如今的塔尼卡早已不是担惊受怕的弱女子,而是成长为自信的创业者了。

诺贝尔获奖者的体会

这个案例为我们提出了一个值得思考的问题。为什么塔尼卡和其他数以亿计希望摆脱贫困的人不同，能够成功实现梦想呢？要回答这个问题，我们需要先来了解一下近期的诺贝尔奖获奖者——推动塔尼卡取得成功的真正幕后英雄。他叫穆罕默德·尤努斯，是他想到如何帮助无数像塔尼卡这样的人摆脱贫困的。[2]

尤努斯的精彩故事是本章的主要内容。在美国获得经济学博士学位后，尤努斯博士决定回到家乡孟加拉国，成为一名大学教授。在大学工作期间，他吃惊地发现校园之外到处都是因为赤贫而忍饥挨饿的人。

经过一番调查，尤努斯很快发现国民长期贫困的根本原因并不是懒惰。在他访问过的每个村庄，人们都非常辛苦地劳作，但还是无法保证合理的收入。通过采访某个村庄的 42 位村民，他吃惊地发现人们致富的最大障碍不是干劲，而是缺少资金。[3] 在这些村庄中没有多少人从事传统工作，大部分都是小个体户。如果家中没有一小块耕地，他们只能靠小手工或服务业来养活自己。

要做生意就得有资金，通常他们所需的只是几块钱的启动成本。由于连几块钱都拿不出，他们只好向当地的钱庄借贷，被迫支付 10 倍于本金的利息。因为借贷利率过高，每个创业者尽管辛勤工作，但只能勉强偿还利息，无法继续扩大经营，结果陷入越贷越穷、入不敷出的怪圈。一个妇女的经历让尤努斯印象深刻。她会制作精美的手工板凳，但是因为缺少 5 美分每天进货，不得已陷入贫困的生活。连 5 美分都没有，这简直太令人难以置信了。

通过调查，尤努斯得出的结论是，只要推动一项关键行为（保证村民成功贷款和偿还），他就能改善这 42 位村民的经济状况。实际上，资助这些村民做生意总共需要的贷款才 27 美元，简直微不足道。

随后，尤努斯找到当地的银行，请他们给这些村民放贷，结果没有一家银行肯受理。这些银行主管全都嘲笑他不自量力，因为在他们看来，没有担保就没有贷款，情况就是这么简单。这个残酷的事实让尤努斯非常失望，他是这样描述自己的感受的：

> 平时我一上床就会睡着，但那天晚上却翻来覆去无法入眠。面对42位身体健康、每天辛勤劳作的同胞为27美元而折腰的事实，我为这个国家感到惭愧。[4]

30年后的今天，尤努斯博士成立了资金数百亿美元的银行和商业实体——格莱珉银行。由它开创的贷款革命成功地帮助1亿多像塔尼卡这样的人摆脱了贫困。尤努斯的小额贷款业务成立之后发展非常迅速，很快便延伸到了邻国印度，为塔尼卡带来了福音。

更加令人赞叹的是，尤努斯的小额贷款不仅帮助了塔尼卡，也帮助了她的四个姐妹先后成功创业。据统计，在他帮助过的人当中，平均每40人就有39人取得成功。也就是说，98%的借贷人都实现了第二个关键行为——摆脱贫困，然后顺利偿还了贷款本金和足额利息。

绝大多数小业主通过贷款帮助家庭摆脱了贫困。他们开始教育子女，如今很多孩子已经取得了高等学历。原来每天辛苦劳作还挣不到2美分的饥饿村民，现在不仅事业有成，还把孩子送进了大学，这种变化实在太大了。

故事虽然激动人心，但我们要学习的是，尤努斯怎样确保贫困的村民采用关键行为并最终取得成功。他有什么神奇的手段能保证98%的借贷人偿还毫无担保的贷款？同样重要的是，我们能从这个案例中得到哪些启示，将其应用到自己的影响力方案中呢？

和很多致力于改变长期痛苦失败的影响者一样，尤努斯博士也应用了本书提到的各种影响力手段。由于要解决的问题过于艰巨，只靠一种方法根本无济于事，他必须综合利用各种影响力工具。尽管如此，通过观察塔尼卡等人的行为方式，我们不难发现一种新的影响力——社会资本。

尤努斯不仅要塔尼卡提交商业计划，还要求她和四位邻居组成团队，团队中的每个人都要提交各自的商业计划。最终，她们每个人都会获得一笔贷款，有了这笔贷款,另外四个人可以联名担保偿还。这意味着塔尼卡必须说服同伴认为自己的商业计划可行,或者说,她必须和同伴一起设计商业计划才能保证通过。

这便是奥秘所在。试想一下,几个从未工作过的农村妇女,面对咄咄逼人的贷款机构,当被要求联名担保偿付时会怎么做?毫无疑问,她们肯定不会仓促决定,而是要集思广益,利用团队的力量提出真正明智可行的商业计划。

学会利用社会资本

我们在第 6 章提到,他人会对我们的行为方式做出有效激励。现在我们要关注的是第二种社会影响力——社会能力。甲壳虫乐队曾经说过,没有朋友的帮助,我们就无法取得成功。朋友可以为我们提供奇思妙想和身体力行的帮助,甚至是他们的各种个人资源,这就是所谓的社会资本。实际上,有了朋友的帮助,我们的行为效力要比单打独斗高得多。[5] 不过,这一切都取决于一个前提,即了解怎样利用社会资本,让人际关系成功助力我们的变革活动。在这个方面,尤努斯博士的做法非常值得学习。

畅销书作家詹姆斯·索罗维基可以解释塔尼卡成功提出商业方案的原因。他在《群体的智慧》一书中最早提出了相关的观点,如今这种观点早已被人们熟知。在这本书中,索罗维基开篇便用英国科学家弗朗西斯·高尔顿的统计研究指出,由不同智力水平的人组成的群体往往会比群体中每个个体做出的决策更好。[6]

高尔顿进行了一项实验,让某地市场中的 787 位居民预测一头屠宰后的公牛的重量。经过计算,居民们的平均预测值是 1 197 磅,公牛的实际重量是 1 198 磅。事实证明,群体的答案不仅非常接近真实重量,甚至可以说几乎完全正确。对于群体智慧,索罗维基是这样描述的:"在合适的情况下,群体表现出的智慧往往优于其中最聪明的个体的智慧。"

其实早在索罗维基的群体智慧论广泛流传之前，尤努斯博士就已经在小额贷款行业中应用了这一理念。五位印度女性集思广益优化塔尼卡的创业方案就是一个很好的例子。虽然每个人都无法提出完美的方案，但通过整合大家的思路，她们最终找到了通往成功的道路。她们不只是在集思广益，更是在研发适合在本地销售的产品和服务，而且她们对本地的情况非常熟悉。

通过提供帮助开发社会资本

有时候，重大行为改变必须要有他人的帮助。例如，唐·贝里克医生和他的团队希望在美国通过减少医疗事故的方式拯救10万人的生命，要实现这个目标肯定需要医生、护士、管理者等各方面的支持。同样，西尔伯特帮助罪犯洗心革面的努力也离不开他人的帮助。她不仅需要居民区的协助，实际上甚至可以说她建立了一个独特的居民区。

当然，有些时候我们在做出改变时似乎不需要他人的帮助。比如，你可能觉得坚持减肥是一件考验个人毅力的事情，与他人并无关系。当独自面对油炸酥饼和苹果难以做出取舍时，这的确要靠你个人去做出判断，但因此认为只有你会面对这种问题就大错特错了。尽管每一种关键行为都要靠个人推动，而且大多数情况下要独自完成，但来自他人的支持仍会对行为改变产生巨大的影响。

例如，威瓦特医生对处于弱势的性工作者发挥了重要的影响，帮助她们拒绝醉醺醺的客人不使用安全套发生关系的要求。尽管在工作时都是单独行动，但还是有很多人能够找到办法帮助她们。聪明的影响者总是时刻不停地想办法，确保每个行为人在应对关键时刻时能得到足够的社会支持。

那么，为推动行为改变，我们应当在什么时候提供帮助呢？

当他人是构成问题的一部分时

我们来看看下面的案例，它详细说明了为改善工作，人们何时需要他人的帮助。

我们的主人公叫杰西，此刻他正紧张得满头大汗，好像刚从运动场下来。这么紧张是因为他正准备说谎，而且非常担心会被识破。担心谎言会被识破是因为，他不像打牌高手那样会不动声色地忽悠，很多细节暴露出他不善于伪装心理活动。除了满头大汗，他的左眼皮跳个不停，这一点肯定会议室的每个人都看到了。准备张口时，杰西一阵喉咙发紧，这也是一个细节。终于，干咳两声之后，他有些声音发颤地说出了会让自己陷入大麻烦的谎言。

"呃……没问题，我们的开发进度正常。"

其实，杰西不是唯一一个在会议上撒谎的人，产品开发会议上的每个人都在撒谎。实际上，在他工作的这个拥有1 500人的软件开发公司，明知进度落后但告诉同事和老板一切正常已经成了见怪不怪的行为规范。这种情况如此频繁，以至于杰西和同事们早就习以为常，甚至给它起了个名字叫"胆小鬼游戏"。

这个游戏是这样的，你的进度落后但嘴上却说一切正常。这样撒谎是指望别人站出来承认需要推迟时间，从而让自己渔翁得利。显然，第一个迫于压力承认需要更多时间的人就是胆小鬼。在这个游戏中，只要有人的说法和别人不同，那么其他人就安然无恙了。因此，大家都怀着侥幸心理等着别人承认错误。只要有一个人提出项目延期，大家就都能得到解脱。就像这次会议，在座的大部分人都和杰西一样开发进度严重滞后，但问题是谁也不肯承认。既然没人承认，那项目就不会延期。作为集体撒谎的结果，产品发布迟早会变成一场噩梦。

我们（本书作者）在为这家软件公司提供服务时，它已经濒临破产了。这家公司多年来始终无法按时发布产品，开发进度长期落后。即使产品最终得到发布，耗费的成本也要超出预算一倍。面对这些情况，整个公司的士气非常低落。除了产品问题，这家公司还在不断流失优秀的员工。

麦克是这家公司新上任的开发部副总，他的任务是尽快扭转当前的局面。麦克确定了实施变革所需的关键行为，只要找到办法激励和帮助全体员工及时并坦诚地说出面对的问题，公司就能提高士气，降低成本，控制好开发进度。不过，这个目标并不容易实现。

初遇麦克时，他已经尝试了几种影响力策略。他举办了沟通培训，找到意见领袖协助解决问题，甚至组织了匿名调查来评估员工行为有没有发生变化。尽管付出种种努力，但公司的表现仍然不佳。实际上，麦克告诉我们，各种数据表明他的努力毫无进展，整个公司还是萎靡不振。

麦克在这个问题中忽略了一个重要事实，即杰西和同事们在开发进度方面所做的决定并不是孤立的做法，而是合谋的表现。通过撒谎保证自己表面安全，这不仅是员工，同时也是经理、主管和公司副总的一贯做法。就连麦克也毫不知情地发挥了反作用，鼓励下属在会议上只汇报好消息。既然这种行为是群体推动的，那就必须从群体入手加以改变。在这种情况下，麦克该怎样提供帮助呢？

要回答这个问题，我们先来看看别人是怎样解决类似问题的。这次要介绍的是 9 000 英里之外南非的一位影响者，他叫加斯·贾非。在如何开发社会资本方面，任何人都没有他思考得深刻细致，他非常善于把个人问题转化为群体问题。

贾非最初是一位医生，后来做过不少工作，现在是南非一家名为 Soul City 的媒体智囊公司的首席执行官。该公司曾成功领导过抵制艾滋病、婴儿死亡和营养不良的社会活动。最近一段时间，贾非开始关注如何预防针对妇女的暴力问题。关注这个问题是因为，在南非针对妇女的暴力行为非常猖獗，1/9 的妇女至少会被强暴一次，1/5 的妇女会遭受来自生活伴侣的身体或感情上的虐待。

贾非意识到，要解决如此棘手的问题不能靠逐个教导：告诉每个妇女自力更生，让冷漠无情的男人得到应有的惩罚。他认为应当想办法把所有造成问题的人汇集起来，然后一起解决问题。

他还发现，在南非有不少人反对虐待妇女，其中既有男性，也有女性。但是这些人感到无力施加影响，无法改变这种令人厌恶的行为。于是贾非为他们提供了一个途径，对此他是这样描述的：

> 我们在 Soul City 的电视节目中有意刻画了一个受人尊敬的教师形象，名叫塔邦，这个人经常虐待贤惠的妻子玛特拉。我们的观众，无论男女，很快发现玛特拉不像传统观点认为的那样理应遭受丈夫的虐待。她是一个体贴、好相处的人，一个完全无辜的受害者。值得深思的是，塔邦平日里也是通情达理的好人，跟我们的观众没什么差别。

然后编剧开始说明如何让邻居朋友参与其中解决问题。Soul City 公司研究顾问阿文德·辛格哈尔博士在报告中称：“有一集节目演到，邻居们听到塔邦殴打可怜的妻子，大家非常气愤，决定告诉他不能再这样下去。但是究竟该怎么做呢？怎样才能合理地表达大家的心声？怎样才能在有效表达的同时保障自身的安全？直接干预别人的家事肯定既唐突又危险。”[7]

他继续道：“为了让这位暴力邻居意识到自己的行为是错误和令人无法接受的，大家集合到塔邦家门口开始敲打锅碗瓢盆。他们一句话也不说，就是站在那里不停地敲。”最终，塔邦惭愧地意识到自己的错误，从此改变了虐待妻子的行为。

这一集节目很快引起了未曾预料的社会影响。在南非不少乡镇，人们听到邻居家传来虐待妻子的声音时，便会纷纷跑到他们家门口敲打锅碗瓢盆。

显然，间接体验在这里发挥了重要作用。大家传达了自己的观点，男性不得虐待他们的妻子。暴力行为以及隐藏其后的集体沉默被驱散，取而代之的是新的行为规范。

从这个案例中我们总结出一些经验。贾非发现，如果错误行为的发生带有群体化特征，那么每个人都必须参与其中才能影响行为改变。在这个案例中，邻居们必须参与引导变革，因为袖手旁观就等于纵容问题的发生，就等于成为错误行为的帮凶。

前面提到的软件公司副总麦克最后也是依靠这种方式消灭"胆小鬼游戏"的。一开始他就事论事，找杰西这样的员工当面解决问题，但是忽略了公司经理、主管和其他"帮凶"的责任。意识到这样行不通之后，麦克采用了新的解决方式，让培训部门组织培训，教大家如何应对开发滞后这种高风险的对话。然后，让每一级主管担任教师，把学到的技巧应用到日常工作中。这一招非常高明，最终有效地解决了问题。

那些以前习惯隐瞒事实的主管，现在每两周要进行一次两小时的教学，告诉员工怎样直接面对棘手的问题。在前两次课程中，杰西听得并不认真，而且带着一脸怀疑的表情。到第三次课程时，他开始感兴趣了。在课程中，负责教学的主管必须认真回答员工提出的问题。等到第六次上课时，杰西和很多同事已经学会如何直言不讳了。事实证明，新的行为规范只用了几个月时间就得到了建立，麦克推广的面对压力坦诚相见的关键行为终于得到了广泛采用。在随后不到一年的时间里，这家公司按时发布了两款产品，而且没有超出预算，员工的士气达到了前所未有的高度。

通过提供帮助来推动行为改变，这种情况在日常生活中是怎样应用的呢？我们来看看亨利是怎样利用这种方式坚持减肥和保持健康的。亨利发现身边的同事、朋友和家人总是在帮倒忙。他们不像你的朋友，倒像是时刻准备把你推下火坑的帮凶。他们带亨利去高档餐厅，上班时在他面前吃各种油腻美味的食物，给他送充满诱惑的零食，在冰箱里放满各种垃圾食品……

在减肥这个问题上，亨利还真想不起来有谁真正帮助过自己。有一天他告诉妻子不要再买成袋的巧克力了，妻子哈哈大笑。她喜欢糖，经常买糖吃糖，可从来不会发胖，你让她怎么放弃呢？

亨利知道这样肯定不行，对妻子说："你看看我，我们每天一起生活，一闻到糖果的香味我就控制不住！"

亨利显然需要别人的帮助来改变行为，这一点不只是他的嗅觉得出的答案。最近他读了一项关于降低胆固醇的研究（阿尔伯特·班杜拉的研究），他和班杜拉都认为，当配偶也参与其中时，受试者才会持续有效地降低体内的胆固醇。

因此，亨利应当想办法对那些损友说"不"，让他们变成对自己减肥有益的帮助者。他应当以建设性的对话和对方沟通，而不是动辄抵制他们或反唇相讥。

当单打独斗无法解决问题时

诗人约翰·邓恩说得好，没有人是座孤岛。当身边的人给你带来问题和帮倒忙时，记住不要抱怨或指责，你要做的是利用他们，把个人问题变成群体问题。你应当主动行动，帮助他们把关键行为变成良好习惯。

互相依赖

当关键行为无法独自完成，需要几个人共同做出努力时，你必须帮助大家开发团队合作能力。以前技艺高超的匠人都是独自工作，一个人制作瓦罐、蜡烛、珠宝等产品。现在企业要想成功，不仅要靠个人的专业能力，更要靠员工之间的合作能力。

例如，一个软件开发团队不只包括程序员，还包括设计师、营销员、编辑和销售人员。他们必须在不同开发阶段保持密切联系，完成自己的那部分任务，同时想办法和其他人进行合作。管理者忽略了这一点就会失败，导致影响力活动事倍功半或毫无成果。

我们（本书作者）曾为某公司提供咨询服务，该公司准备开发即时库存以降低生产成本。也就是说，在生产过程中，它们不再像以前一样库存零件和在制品。在流水线生产中，前面的人完成工作后直接把半成品交给后面的人加工，不再库存半成品，等待后者有时间才去处理。显然，这种新的设计需要非常精确地计算和安排时间，每个人完成任务所需的时间必须和前后的工友完全一致。而且，这种生产方式需要密切配合，任何人干得快了、慢了、无故旷工或是未能达到质量标准，前后的生产环节都会受到影响。

这家公司意识到，利用传统的库存方式生产会造成生产效率低下，员工之间缺乏合作。但是采用新的方法后，每个人都必须依靠负责前后工序的员工，结果造成很多口角、抱怨和更换生产位置的要求。管理员本应帮助员工解决问题，但经常花费大量时间为他们评理劝架。

事实说明，这家公司还没有做好采用即时生产的准备，因为它并不具备高效率协作的能力和技巧。管理层提出密切合作的生产方式，其本意是好的，却忽略了这样一个事实，即员工缺乏解决人际关系问题的技巧以及鼓励他人为行为负责的能力。独立工作的习惯损害了他们和别人有效互动的能力，换句话说，这里的员工已经不会"和朋友们开心地工作、玩耍了"。

在这种情况下，要想采用新的生产方式，首先必须让每个员工熟练地掌握解决人际关系问题的技巧。相互依赖意味着大家必须分享看法，提供材料，相互帮助，先顾集体再顾个人，必须乐意且有能力展开合作。无法帮助员工学习并以新的方式进行协作，管理者就会长期面对各种对立行为，不能全面利用宝贵的社会资本。

新事物

塔尼卡的案例说明了另一种需要利用社会资本的情况。她和她的团队成员都不是专业人士，面对的是从未经历过的全新问题。幸运的是，玩具换头发是她们五个人一起构思出来的最佳方案。她们每一个人都不具备完美的创意，但拼凑在一起却改变了一切。正所谓"三个臭皮匠顶个诸葛亮"，集体的智慧创造了未来，如果单打独斗，那么谁也不会提出完美的方案。

在面对充满变化的新情况，需要提出新的解决方案时，群体的智慧永远强于个体的智慧。尤努斯博士也是这样做的，他要求申请贷款的人不得单独创业，必须以团队方式工作，以集体方式思考，每周都要举行一次头脑风暴。格莱珉银行正是依靠这种强迫式的互动协作取得成功的。

风险

不难想象，在我们介绍的所有影响者中，承担风险越大的人在面对关键时刻时帮助他人改变行为的难度就越大。西尔伯特博士毫无疑问是他们当中的佼佼者，因为她的工作是要把坚如顽石的犯罪分子改造成奉公守法的良好市民。只要想想员工们每天的工作，我们便会发现她和迪兰西公司面对的风险有多么巨大。

在旧金山海湾区，西尔伯特手下的100名员工每天都要进出居民家中搬运各种贵重物品。对他们当中不少人来说，这可是加入迪兰西公司之前手到擒来的差事，唯一的不同在于现在他们是在为迪兰西搬家公司工作。你没看错，这家公司就是这样做的，让曾经以盗窃为生的人如今光明正大地为顾客搬运家具和行李。也许你觉得这样做太过冒险，毕竟这些人以前都有案底。其实你多虑了，事实证明，迪兰西公司搬运物件时从未遗失过任何一件贵重物品，这一点正是让这家公司在海湾区搬家公司中声名远扬的重要原因。让他们帮你搬家，保证不会丢失任何物品，这就是他们能做到的承诺。试想一下，如果发生丢失一串项链这样的小事，迪兰西肯定会信誉扫地，整个搬家公司和100位员工的饭碗都会化为乌有。面对如此巨大的风险，令人称奇的是公司竟然从未出过问题。

迪兰西旗下的餐厅也同样令人惊奇，他们居然让正在戒酒或戒毒的人每天为顾客端酒倒酒。在第一次听到如此古怪的事情时，我们感到非常好奇，于是问西尔伯特怎么解决员工酒瘾复发的问题。她毫不犹豫地告诉我们不存在这种情况。在我们的再三"逼问"下，她想起的确出过一次问题。那是大概一年前，有位员工表现得有些"失态"。这让我们非常惊讶，要知道普通戒酒活动的成功率是非常低的，他们能取得这样的成功实在很不容易。

这就是西尔伯特的做法，让曾经的窃贼帮人搬家，让以前的酒鬼给客人端酒。值得深思的是，这些行为几乎没出过任何问题。如果问她是怎样成功改变这些人的，她会说秘密在于迪兰西公司建立的一套复杂、无处不在但极其强大的社会环境。这家公司从未聘请过任何专业的行为指导顾问，却具备丰富的社会资本。迪兰西公司的成功依靠的是一个人人相互帮助的网络。西尔伯特已经花费了30多年的时间建设这个网络。

西尔伯特是这样帮助员工采用关键行为的。她要求迪兰西的每一个员工都必须互相指导、互相帮助，即使刚刚加入公司一天的人也要帮助新来的员工。哪怕新来的员工是酒鬼、文盲，除了犯罪一事无成，最终也能在指导、帮助他人方面获得"博士"文凭，否则人人都无法独善其身。

西尔伯特对此是这样描述的："在我们这里，每当学到新的东西都要教给别人，换句话说，就是人人都要当老师。比如你刚来迪兰西不久，但是还有比你更晚加入的员工，这时有人会对你说'麻烦你带带我吧'。从那一刻起，大家讨论的就不再是你自己，而是你怎么带新人了。"

为了保证员工互相帮助，迪兰西公司始终牢记一个目标：从惊慌失措的新员工加入公司的那一刻起，必须保证他们时时刻刻体会到最大限度的伙伴支持，无论是公司的管理文化，还是每天使用的语言都要体现出这一点。只要你是这里的员工，就一定能感受到来自四面八方的热情帮助。

刚加入公司的员工会被分到 9 人间的宿舍，宿舍里每个人都来自不同的群体。稍后，员工会被安排到学习班，学习班由 10 人组成，分别来自不同的宿舍。只有当学习班所有的人都到齐之后，才能开展公共服务。迪兰西公司的学习班很有特点，它是一种自助组织，目的是帮助员工实现自己无法做到的事情。可以说，这种学习班有效地建立和利用了社会资本。

学习班的班长需要负责组员的个人成长、需求并对他们进行监督。负责监督各个学习班的人是"理发师"。（因为在外面遭到责骂时，经常被戏称为"剃头"，所以"理发师"的外号就不胫而走。他们要确保学习班的每个成员都积极行动，随时指出彼此出现的问题。）

在这里帮助员工的形式有很多种。例如，不同团队的员工也要相互帮助。这里的员工平均只有小学学历，迪兰西公司要求他们在离开之前至少要达到高中同等学力。不可思议的是，公司从未聘请过任何专业教师，做到这一点完全依靠的是员工彼此之间的互相教导和学习。

要了解这种一对一的教育和引导是怎样实现的，我们来看看他们是怎样对待恋爱问题的。

员工詹姆斯坦言："以前谈到这事我们只会动歪脑筋，满脑子除了性没别的。如果在恋爱过程中出了问题，我们会说爱咋咋地，从来不会主动解决问题。"

为正确面对恋爱这个问题（有些事只有在加入这里至少半年才允许做），他们会请恋爱时间较长的员工情侣现身说法，帮助他们用积极的态度与异性交往。经验丰富的员工不仅教他们怎样在约会中表现自己，而且和他们分享成功和失败的行为。有趣的是，当员工开始约会交往时，头几次必须在指定监督员的监督之下进行，以避免出现违规之举。

虽然这些都是很小的例子，但它们充分体现出迪兰西公司在不借助专业力量的情况下，是如何通过人际互助方式影响员工的行为和生活的。假如现在有人愿意捐赠10亿美元给这家公司，帮助他们聘请专业教师和顾问，你觉得西尔伯特会同意吗？当然不会。这是因为，帮助他人会让员工得到更多。无论你在这里担任的是别人的老师、顾问还是教练，通过帮助别人你会学习领悟到更多。通过教育别人使自己得到进步，这是一个非常重要的学习过程，为什么要把这样的机会拱手让给外人呢？

利用社会资本降低企业风险的做法在商业领域也很常见。例如，硅谷的风投资本家会利用企业孵化器，帮助刚成立的公司顺利度过危机四伏的初创阶段。企业孵化器的优势在于，它拥有各个领域的专业人士，能在企业急需建议的时候免费提供专业帮助。

从个人职业角度来看，积极利用人际关系也是一笔巨大的财富。英国电信公司的汤姆·波义耳是首创"社交网络情商"（network quotient）这一词汇的人，它强调的是个体在社会中与他人形成人脉的重要性。[8]汤姆认为从个人职业角度来看，一个人的社交网络情商要比其智商重要得多。因为你无法认识所有人，找到可以在你生活中弥补盲点的人就变得非常重要。近期很多研究表明，如今成功的员工不仅拥有可以求助专业问题的人脉，而且拥有遇到敏感问题时可以信赖的好友圈子。成功者具备的共同特征是，他们不仅善于借助外力，而且善于维护良好的人际网络以保证自己能积极应对各种问题。

综上所述，这些案例探讨的都是同一个问题。在面对不断变化、高度复杂和充满风险的问题时，显然集思广益出来的方案要比孤军奋战得出的好得多。所以我们应当学习尤努斯博士，在遇到需要多视角和创造性解决问题时学会组队应付。要想充分利用现有的人力资本并显著降低风险，我们可以学习迪兰西公司的做法，让经验丰富的员工担任新手的导师和教练。

盲点

在利用社会支持手段影响关键行为时，或许最明显的条件源自局外人提供的反馈。举个例子来说，很多人都自学过网球，通过和教练指导过的人进行对打，他们很快会发现，专业指导带来的实时反馈肯定要比自己漫无目的的练习效果要好。因此，你可能认为大多数人在生活中都会向专业领域的导师求助，但事实并非如此。除了运动之外，很少有人会向专家征求反馈意见。

不过也有例外的情况。例如，在医疗行业中，在向患者心脏插管或是进行其他高风险手术时，医护人员非常清楚现场指导的重要性。在这种情况下医生不能只在一旁观看，等出了问题再亲自出手。他们必须一边做手术，一边进行指导，告诉新手正确和错误的行为。[9]

对于商业和其他低风险问题，管理者很少会想到采用现场指导的方式帮助他人。如今很多企业喜欢聘请咨询顾问进行事后分析，研究管理者失败的原因，很少会提供现场指导。这种情况应当加以改变。

像影响者一样行动

在遇到充满风险的问题后，我们经常会寻求帮助。比如，警察进入危险场所之前会请求增援，护士在扶大个子患者时会请别人搭手，购物狂去商场时会带上闺蜜帮自己控制预算，刚入行的教师遇到麻烦的学生或家长时会向老教师取经。

你必须认真思考关键行为出现风险的关键时刻。这些关键时刻很可能导致你的行动失败，其中包括时间、地点、人物、情绪和场合。要想成功应对关键时刻，你必须寻找别人的支持和保护。

例如，我们曾为某公司管理者劳伦提供过服务。劳伦充满活力，但她的演讲很糟糕，我们为她设计了专门的演讲指导。我们只用了短短几个小时，就把这位"每次都令人昏昏欲睡"的演讲者改造成了相当成功的演讲者。劳伦既没有上培训课，也没有阅读相关图书。她只是一边演讲，一边根据我们的反馈加以调整，如"语速提高10%"或"说完形容词'成功的'稍作停顿"等。经过四个小时的现场指导，劳伦很快就掌握了演讲的基本要领。相比之下，如果没有专家的反馈，一般人要花费几个月时间才能做到这一点。

我们每个人的眼睛都只能往前看，我们并不能确定自己的所作所为能否成功。因此，我们必须利用另一种形式的帮助——寻求来自专家的实时反馈。

像影响者一样行动

门罗软件公司的里奇·谢里丹决定改变员工开发软件的方式（目前采用的是自上而下式开发）。他不想让员工产生孤军奋战或单打独斗的感觉，也不愿让员工独占关键资源，这样不仅公司离不开他们，而且他们自己想度假也不可能。于是他想到一个办法，让程序员两人一组工作，共用一台电脑。

一开始这种方式让每个员工叫苦不迭，因为每个人都希望自己做主，只操心自己的代码编写工作。但是他们很快就发现一个人编程，另一个人在旁边辅助是个不错的办法，这样一来很快就能发现错误，从而把后期检查问题的时间（后期检查代码是每个人都深恶痛绝的工作）从工作时间的40%减少到几乎可以忽略不计。此外，这种工作方式还有效地促进了知识共享，确保出现任何问题时双方都知道是怎么回事。

现在他们所有的工作都是由两人或更多的人一起负责。里奇说："自从采用这种方式，公司再也不用拒绝员工的休假请求了。"通过配对协作保证员工相互帮助，这家公司的各项指标都得到了改善，员工士气也水涨船高。

团结一致

威廉·福斯特·洛伊在 1833 年发表的一篇寓言故事中，首次向人们介绍了"公地悲剧"问题。[10] 在这篇寓言中，某个小镇允许农民在公共土地上随意放牧，这些土地是归当地贵族所有的。没想到的是，这个出于好意的做法最终导致了一场公共灾难。农民尝到甜头之后会养更多的羊，结果来这里放羊的人越来越多，最后使公共领地变成了光秃秃的一片荒地。这个寓言给我们的启示是，对于个体有利的事物经常会危及整个集体。

与此类似的情况你可能也碰到过。例如，汽车经过一小时的走走停停，你终于明白了一直堵车的原因，前方道路中央有个大箱子占了不少空间，惹得很多司机都骂个不停。这时问题来了，你会怎么做？如果视而不见，这对你来说很省事，但后面的司机还是要老老实实地堵着。如果你肯做些牺牲，走过去把箱子移开，那么大家都会因此受益。

面对这种情况，个体应当学习如何利用强大的社会资本——团结一致。我们必须让个人利益服从集体利益，从造福集体的角度去行动，否则只会深受其害。例如，我们曾负责为某公司一线管理人员开发领导力课程，帮助他们指导员工对生产活动负责。为了开发课程，我们开始寻找正向偏差，观察那些成功员工的做法，然后将其总结成有效的行为指导课程。

完成培训后，我们让所有参加培训的管理人员把刚刚学过的内容付诸实施，具体做法是当面指出员工违反规则、程序的做法或其他错误行为。我们发现有几个"落后者"不肯实践，他们想看到别人面对挑战的结果后再付诸行动。当别的同事指出下属的错误做法时，这几个人还在一旁不停奚落，说他们的做法太生硬。员工也认为管理者设定了双重标准，认为指出他们问题的上级不公平、太苛刻。最终每个人都放弃了刚刚学到的解决方法。

这件事让我们注意到了团结性的重要意义。后来，我们让每个管理人员先承诺一定会当面指出问题，然后才让他们付诸实践。在这个项目中，确保员工服从命令是攸关成败的关键之处。

要了解团结一致如何在更大范围的行为改变中发挥作用，我们来看看泰国的威瓦特医生是怎样利用别人的帮助制止艾滋病的疯狂传播的。使用传统方法失败之后，威瓦特转而采用更为直接的应对策略。杜绝泰国的性产业是个美好的理想，但项目管理者目前还做不到这一点，与此同时，病毒正以前所未有的速度迅速蔓延，因此只能想办法从控制传播入手。由于新发病例全都指向未采用安全性行为的性工作者及其顾客，威瓦特决定开展一场团结运动。[11]

威瓦特认为性工作者这个群体可以切断艾滋病的传播，但前提是她们必须作为一个群体发挥集体作用。当顾客付钱买春时，如果性工作者要求使用安全套，多数情况下顾客会转而寻找别的地方消费，从而使风险继续存在。

但是，如果每一个性工作者都要求使用安全套，始终拒绝危险性行为带来的经济利益，结果会怎样呢？这样一来顾客就找不到愿意从事危险性行为的性工作者，最终只能采用安全的性行为，从而阻断艾滋病的传播。显然，这是一个孤注一掷的方案，只要有一个性工作者违反规定或是妓院放松要求，一切努力都会化为泡影。

为了保证人人遵守规定，威瓦特请来各大妓院的老板开会说明要求，然后又为所有从业者开会强调规定。在会议上他解释道，只有人人遵守规定，才能造福大家，否则艾滋病会各个击破最终摧毁每个人以及整个性服务行业。然后他介绍了艾滋病传播的增长率，详细说明了拒绝参与可能带来的巨大风险。

当每个性工作者都接受方案，承诺共同采用安全性行为之后，泰国性服务行业的安全套使用率从原来的 14% 提高到超过 90%。通过采取一致行动和提供社会支持，最终这个国家约有 500 万人免于罹患艾滋病。[12]

通过团结一致促进行为改变，这种做法在家庭生活中是否适用呢？答案是肯定的。在研究如何教育子女时，我们很容易发现一个简单而重要的现象，管理有效的家长从来都说一不二。他们会让孩子明白家长说过的话一定言出必行,这样有助于在儿童的生活中确定可以遵循的行为模式。如果姐姐打妹妹,姐姐就要受处罚;如果孩子过了宵禁时间才回家,就要付出代价。父母双方都在家时一定要团结一致,保持统一口径,这样才能确保不会让孩子产生错误的理解和行为。如若不然,孩子会对温顺的一方撒娇依赖,对强硬的一方不理不睬,导致父母难以对其进行管理。教育儿童其实和解决很多重大问题一样,采用团结一致的方法会让你事半功倍。

像影响者一样行动

宾夕法尼亚州流浪者之家的研究人员发现消除臭虫有一个有效的办法——团结一致。这个中心有三栋联排式住宅,彼此之间墙壁相连,共有12个卧室,住有39位流浪者。

臭虫一直是这里令人头痛的问题,它们行动迅速、生命力顽强而且难以被发现。一间卧室杀虫,它们会跑到隔壁去,然后过一阵子重新回来。为了一劳永逸地解决问题,管理者只能说服大家团结一致、密切配合,谁也不能各行其是。在这里,每个卧室每天都要清理,每件寝具和衣物在清理当日都要用热水清洗,所有无法清洗的物件当日全部放入冷冻室储存。通过大家的齐心协力,这里的臭虫消失得无影无踪。

总结:社会能力

在当今人人都要相互依赖的复杂世界中,我们最大的敌人,每个家庭、企业和社区都要面对的最大问题,莫过于缺乏合作能力。作为个体,我们根本无法独自解决每天需要面对的复杂问题,因此迫切需要开发社会资本。为帮助人们改变行为,我们必须在关键时刻为他们提供有效帮助。

遗憾的是我们多年来从未向大众传达过这样的信息。在过去的半个世纪中，电视、电影里的英雄铁汉从来都是独自和敌人抗争的，无论对方是个人，还是组织机构。这种对个人英雄主义的长期宣传给我们造成了巨大影响，使我们在推动变革时很少主动向他人寻求帮助。

影响者深知社会资本的重要性，他们不会拒绝来自周围的帮助。在遇到棘手问题或需要推动关键行为时，他们会快速分析个体需要哪些帮助、授权、许可或合作。在此基础上，他们会开发有效的影响力策略，提供所需的社会资本，推动行为改变。

| 第8章 |

经济刺激
系统动力

> 我能承受各种评论,只要它们是毫无保留的赞美。
> ——诺埃尔·考沃德

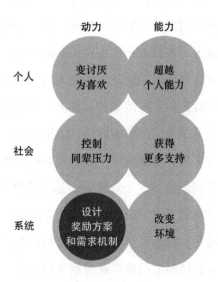

我们已经介绍了个人影响力和社会影响力,接下来要讨论如何利用物质力

量创造影响力，如奖励、福利、奖金、薪资以及偶尔需要的惩罚。大多数管理者都知道奖励和关键行为之间存在密切关系，他们坚信这种刺激能有效改变人们的行为方式，因此下面的研究肯定会让你大吃一惊。

实际上，利用系统动力和奖励方式的目的并不是积极推动人们做出变革，而是用于消除人类行为中的抑制因素，改变整个"行为经济"。我们发现，大多数管理者都存在过度依赖这一手段的风险，殊不知应当尽量减少行为改变中的物质激励。如果错误行为根深蒂固、难以撼动，很有可能是因为人们当前生活中的经济结构并不认可你希望推动的做法。改变行为经济意味着确保正面和负面激励无法决定你要传达的影响力信息。换句话说，真正的行为改变必须由第一种影响力（个人动力）和第三种影响力（社会动力）来实现。

外部奖励是第三种手段

我们要探索的是一片危机四伏的领域，原本好意的奖励最终却事与愿违的案例比比皆是。出现这种问题的主要原因在于，很多人都把物质奖励作为影响行为的第一策略。实际上，在有效利用各种策略的变革活动中，物质奖励应当排在第三位。影响者应首先确保关键行为能带来内在满足感，其次要利用社会支持推动关键行为。只有在做到这两点的基础上，他们才会选择外部奖励作为激励行为的手段。如果不按照这个顺序行动，结果往往会令人失望。

这一理念绝非空穴来风，而是通过一项幼儿园研究得出的重要结论。1973年马克·莱波博士及其同事进行了一项实验，通过奖励孩子（发糖果）进行他们原本就喜欢的活动（玩玩具），来研究物质刺激对行为方式的影响，实验结果吸引了很多变革促进者、教练、父母和管理者的注意。[1]

莱波发现，奖励人们从事他们原本就喜欢做的事情，结果反而会对其行为产生负面影响。一旦不再提供奖励，实验对象不仅不会维持原来的行为频率，反而会降低行为次数。至少在他研究的幼儿园，事实表明一旦不再提供糖果作为奖励，孩子们玩玩具的次数反而低于提供奖励之前的行为次数。

这种现象非常值得深思。比如，你和老公都喜欢读书，也希望女儿一样喜欢阅读。当女儿养成读书的习惯后，你打算强化这种关键行为。为此你设计了一套激励方案，每次女儿选中并读完一本书可以得到 5 美元作为奖励。她很喜欢这种方式，开始大量读书，没过多久便攒钱买了新发行的电子游戏。这可多亏了你提供的物质奖励，为此她感到非常开心。

过了一段时间你觉得不用再为她读书提供奖励了，因为世界著名作家充满魔力的文字足以为女儿提供精神乐趣，于是便停止了奖励阅读的做法。显然，你的物质鼓励的确帮助她阅读了更多的图书。你觉得，现在即使不用鼓励，她也会抱着喜欢的作品看上一整天。

可是你想错了。从你停止付钱的那一刻起，她便爱上了电子游戏，读书的次数反而比提供奖励之前还要少。看来，她已经学会了通过这种方式攒钱买游戏，你提供奖励帮助她读书的愿望落空了。面对和幼儿园孩子表现出的相同行为，你和莱波博士是不是有什么地方搞错了？

实际上，这种现象叫"过度理由效应"，它表明当人们为做喜欢的事而得到奖励时，便会以旁观者的角度重新看待该行为。在进行分析时，人们发现从事某种行为可以得到特别奖励，于是认为行为本身并不那么有吸引力（否则为什么会得到奖励），然后转向为了获得奖励而行动。这才是危险之处，因为一旦不再提供奖励，人们便认为行为不如之前认为的有意思，从此失去动力，做的次数反而比原来更少了。

通常来说，做自己喜欢的事还能得到奖励，这是每个人都乐意接受的。比如，你非常喜欢弹竖琴（这是你 40 多岁刚学会的爱好），邻居请你在他家儿子的婚礼上弹奏一曲，而且愿意支付可观的费用。你喜欢弹琴，喜欢受人关注，而且还能得到一笔酬劳，这多么令人心动，简直是撞了大运。对你来说，这实在是一举两得的好事，既满足了兴趣，又得到了回报，肯定丝毫不会影响你对弹琴的强烈爱好。

不过，利用外部奖励改变行为有时候并不那么简单。莱波博士发现并不是每一种奖励都能达到预期的效果，有时外部奖励反而会发挥反作用，对行为动力造成打击。例如，某公司每月举行优秀员工评选，对做出突出贡献的人进行表彰。获奖者会在全体员工面前得到表扬，然后领到公司颁发的奖状。

对于员工在此类活动中的感受，喜剧演员迪米特利·马丁曾这样深刻地总结道："我觉得优秀员工评选充分体现了一个人同时享受成功和失败的经历。"

对很多员工来说，被评选出来意味着和其他人对立，这可不是什么好事。这件事换个角度理解就是宣布："恭喜获奖，你可以得到100美元奖金、一块刻有姓名的奖牌以及未来四个星期来自同事的各种嘲讽指责。"

组织行为学家早就发现，很多员工离开公司颁奖典礼时的感受不是欢欣鼓舞、充满激励，而是心情郁闷、愤愤不平，因为他们在活动中没有得到表扬。实际上，很多人认为颁奖仪式不过是个忽悠人的过场。调查表明，一半的参与者认为自己比当选者更有资格获奖，只不过因为内部原因未能如愿以偿。

导致结果事与愿违的不仅是象征性的奖励，很多案例表明即使精心设计的奖励手段也常常以失败告终。例如，某医院发现，由于麻醉师的薪资是根据个人工作量确定的，因此当其他麻醉师的患者出现危急状况时，他们很少互相提供帮助。

我们再来看一个苏联时代错误利用奖励方式的案例。[2] 在能源开发领域，苏联在勘探石油方面浪费了巨额资金，原因是政府按照挖井的深度总和为工人提供奖金。受此影响，人们发现多挖浅井要比挖深井容易得多。于是他们不顾地质学家深挖现有油井的建议，不断在油田表面开挖浅井，导致出油量非常有限。这能怪谁呢？要知道他们是为了得到奖励才这样做的。

我们曾为某国际知名企业的一位女经理提供过服务。她觉得员工需要提高创造性，为此提出了一个简单的方案。为鼓励员工提出新创意，她规定每个小组每周至少头脑风暴半个小时，构思新的工作方法，寻找解决长期问题的手段以及开发新的产品。为监督新方案的执行，她成立了专门小组审核员工提交的成果，然后对其中具有商业价值的方案为员工提供现金奖励。

没想到的是，这个方案才实施几个月就被迫停止了。更令人意外的是，活动竟然导致某个小组的成员之间拳脚相向。原来，这个小组提出了一个不错的想法，员工甲承诺负责该方案的文案说明工作，后来他以个人名义提交方案并获得了 5 000 美元的奖金。很快，其他组员发现了问题，找到此人对质，争吵中有人动手推搡，随后引发斗殴，导致员工甲送医急救。

为避免争执再次发生，公司管理者最终取消了奖励计划。虽然经理仍旧欢迎新的创意，但大家都失去了兴趣。员工们觉得，现在公司不掏钱就想得到创意对他们很不公平。此时公司经理才意识到原来的做法是错误的，本想利用奖励方式推动创新，结果却向员工传递了错误的信息，让他们认为提出建议是其正常工作之外的额外付出。这下可好，每个人都认为提出创意应得到奖金，否则就是被公司剥削利用。

那么管理者究竟应该怎样利用物质奖励呢？

明智慎重地使用物质奖励

前面我们已经清楚地说明了基本原则，不要利用物质奖励弥补个人动力和社会动力失败应用的结果。当然，需要明确的是，影响者也会使用奖励和惩罚手段改变行为。例如，如果你不偿还格莱珉银行的贷款，和你一起联名贷款的人就必须替你偿还。要知道你们是相识相知的熟人，他们肯定不会轻易放过你。同样，在非洲农村地区，如果有人发现邻居隐瞒了感染麦地那龙线虫病的情况并告知村里的头领，便会得到一件醒目的带有消除病害标志的 T 恤衫作为奖励。

接下来的问题是，怎样才能明智地利用物质激励手段呢？

首先，你要确保做到快速奖励，奖励令人高兴且和关键行为密切相关。做到了这几点，即使很小的奖励也会帮助人们解决最为顽固的问题。例如，约翰·霍普金斯医院对住院的酗酒人员进行了一项关于饮酒的研究，研究的目的不是鼓励实验对象参与集体行动或彻底戒酒，而是帮助他们学习如何适度饮酒。

为了影响患者的行为，医疗人员每天根据他们的饮酒量确定相应的应享权利。如果喝得太多，患者不得享用正常餐饮，只能得到流食。此外，饮酒量还决定着他们打电话和会见亲友时间等方面的权利。[3] 和缺乏奖励措施，一味限制饮酒的做法相比，实验对象在达到目标饮酒量方面的成绩要高出 60 个百分点。

如果是第一次听说限制打电话能帮助患者成功改变酗酒这样难改的恶习，你肯定会觉得不可思议。不过，这个实验和史蒂芬·希金斯博士的相比就小巫见大巫了，因为后者利用小小的优惠券，竟然帮助瘾君子克服了吸食可卡因的行为。[4] 众所周知，戒毒治疗难以取得成功是因为，吸毒者经常在治疗取得效果之前就放弃了努力。在希金斯的实验中，戒毒者每周需要提交三次尿样。如果三次检验都呈阴性，戒毒者可以得到一张优惠券，换取研究机构提供的各种产品和服务。

面对可卡因这种令人严重依赖的毒品，你可能觉得使用优惠券作为物质奖励的方式，不会对吸毒者产生多大的影响。对此，希金斯博士是这样说的："很多人惊奇地发现一小叠纸片竟然能超过毒品的巨大诱惑。实际上，了解吸毒的原因之后人们就不会感到奇怪了。"

显然，优惠券本身并不能保证瘾君子戒毒。但是，当利用这一手段激励已经获得个人和社会动力的戒毒人员时，当这一手段和传统戒毒方式一起使用时，便会对戒毒者产生巨大的行为动力。在得到优惠券的患者中，90%的人完成了为期12周的治疗。相比之下，在未采用这种激励方式的患者中，只有65%的人实现了这个目标。而且，这种激励手段取得的长期效果也同样令人鼓舞。

为了说明如何利用微小的奖励推动重大的行为改变，我们来看看飞行里程的案例。如果你和世界上数百万经常旅行的人一样，你肯定喜欢向人炫耀飞行常客计划中积攒的里程。这一方案对我们的行为塑造力之强简直令人咋舌。

举个例子，我们的一位朋友最近从盐湖城飞往新加坡。打开地图看一下，这条线路要经过旧金山和夏威夷。但是这位老兄并没有这么走，而是先花两个小时向东飞到明尼苏达州的明尼阿波利斯，然后向西飞到阿拉斯加州的安克雷奇、韩国的首尔，最后才抵达新加坡。

之所以多花时间大费周折，是因为这样安排可以增加飞行里程。经过这样一番折腾，他能得到大约30美元的收益，但显然他需要的是由此获得的免费里程。很多人可能不知道，如今很多人都着迷于如何增加飞行里程，以至于全球未用的里程转换成金额的话，甚至超过了美国市场上流动的现金总量。[5]

如果你还是怀疑小小的奖励能否带来重大的行为影响力，我们可以再看一个例子。在某问题少女之家，管理人员发现女生的自杀行为不断增加。[6] 他们尝试了各种手段帮助这些女生，如动情演讲、小组讨论、亲友支持等，但都未能减少这种情况。但是，这一问题在推出奖励方案后竟然奇迹般地得到了改变。他们提出的奖励方案可以马上兑现，能迅速起到行为激励的作用，而且和目标行为紧密相连。这种方法和以前的激励手段完全不同，说出来简直让人难以置信。如果某个女生试图自杀，接下来一周就会被剥夺看电视的权利。很快，这里的自杀率就降低到了零，不可思议吧？

这种做法的明智之处在于，它不用研究自杀行为的复杂心理，也无须分析自杀姿势潜藏的含义，这些都不是问题的核心，只要你的奖励方案和关键行为密切相关，就足以产生巨大的影响，改变世界上最棘手的问题。

提供正确的物质激励时，记住少即是多

从上面的例子可以看出，在提供外部奖励时奖励条件不必非常优渥，前提是你已经利用其他激励手段在前期做好了铺垫。当然，人人都知道企业老板支付报酬，员工才会工作；父母支付小费，孩子才愿意帮着做家务。但是在提供额外奖励鼓励特定行为时，正如老话所言，发挥作用的是意图而不是奖励本身。因为奖励背后隐藏的意图常常具备象征意义，可以利用各种具有显著影响的社会力量，它的作用远比奖励本身的价值重要得多。因此，在构思奖励方案时，千万不要忽略隐藏其后的意图，不要担心由此带来的麻烦。

我们来看看"穷人的银行家"尤努斯博士是怎么做的。在创立金融机构为孟加拉国的贫民提供贷款服务时，尤努斯发现在深入群众的职员中有一些非常优秀的年轻人，他们曾经是试图努力推翻政府的革命分子。在得知发放小额贷款会比暴力革命更有利于改变民众生活之后，这些人开始放下武器投身到全新的活动当中。

如果有机会观察他们的工作环境，了解他们的工作方式，你肯定会为这些人的高尚行为所打动。这里的村民原来都在饥饿、死亡的边缘徘徊，由于含有砒霜的饮用水未经过滤，他们的孩子一出生就有严重的残疾，很多孩子未成年就会死去。现在，村民们不但有了自己的小生意，而且哺育了健康的后代，并把他们送进了学校。

既然他们的工作具有如此深远的内在影响和社会利益，怎样开发额外奖励才能推动这些革命者更进一步呢？答案令人哑然失笑，竟然是颁发五角星。[7] 实际上，这个方法还是一位管理者偶然发现的。为保证地方机构关注放贷活动中的正确目标，某地区经理推出了一项异想天开的活动，为格莱珉银行旗下完成规定任务的分支机构颁发不同颜色的五角星。例如，完成指定的放贷额可以

得到一种颜色的五角星，借贷人的孩子全部入学可以得到一种颜色的五角星，实现目标利润率可以得到另一种颜色的五角星。

很快，成为五星机构变成了每个经理的奋斗目标。这些正在从事世界上最伟大工作的人，这些已经为了目标孜孜不倦努力着的人，竟然会为了多得一枚五角星而拼命付出。毫无疑问，这些五角星本身毫无价值，不过是一两毛钱的小物件，但它带来的象征性意义、社会影响和激励要远远超过任何人的想象。

由此可见，只要提供了正确的个人动力和社会动力，象征性的奖励往往会带来巨大的价值。但是，如果失去了个人动力和社会动力这个重要前提，外部奖励只能沦为人们讥讽的笑料。幸运的是，在这个案例中，银行员工对尤努斯博士的尊重以及他们救危扶难的承诺，让这些五角星变得比真金白银还要珍贵。可以说，如果尤努斯提供大量现金作为奖励，结果反而会损害员工本来已经高涨的士气和社会动力。

再例如，美国某大型咨询机构决定为完成培训课程的企业提供奖励之后，成百上千的企业管理者对这种象征性激励表现出了同样热情的反应。这项奖励方案很简单，高级管理者每周参加一次世界知名培训活动，学习特定的行为目标并保证它们在企业实践中应用。这些管理者在实现承诺之后，才可以向培训方汇报结果。

这些管理者很出色地完成了任务，即使在外出差他们也会通过邮件向培训方汇报取得的进展。他们为什么如此热衷这项培训？很简单，作为争强好胜的企业管理者，他们都想得到活动的最高奖励——一尊并不值钱的铜鹅雕塑。显然，在这里发挥作用的不是奖品本身的实际价值，而是它在激励行为时具备的象征性意义。正是这种寓意和社会动力为并不值钱的奖品赋予了巨大的价值。

在利用外部奖励鼓励正确行为方面，西尔伯特无疑是一位真正的大师。迪兰西公司的员工意识到，每次达到新的目标他们便会得到不同的权利。在这里，每个人都要从最普通的工作干起，逐渐升级到较为复杂和有趣的任务。他们会从 9 人间升级到 5 人间，然后经过一系列努力进入布列农楼，享有属于自己的房间。最终，他们会升级到"涅槃"公寓，拥有完全私密的一套房间。在这里，最高级的奖励形式是获得零花钱，你可以随意支配这些收入。

最后，要了解快速兑现支持关键行为的小额奖励带来的重要作用，我们来看看在洛杉矶的 Cedars-Sinai 医院，泌尿科医生里昂·本德是怎样利用在游船上观察到的行为，深刻改变这家世界一流医院的做法的。

本德注意到，每次乘客返回游船时都会有人在他们的手心挤上一些洗手液。同样，乘客在选择自助餐之前，也会有人专门发放消毒剂。这让本德陷入了深思，为什么游船上的工作人员居然比他这个在医院工作了 40 多年的医生还要重视卫生和消毒。

本德发现，忽视手部卫生的问题并不局限于偏远的小岛或发展中国家的农贸市场，他工作的大型医院（包括所有医疗机构）一直都在努力杜绝这种问题导致的疾病传播现象。在很多医疗机构，工作人员把一位患者身上的病菌传播给另一位患者的情况随时都会发生。正因为这样，医院反而成了各地最为危险的场所，每年会造成数十万人死亡。如果有一种方式可以让工作人员在接触不同患者之前彻底清洁双手，就能有效杜绝病菌在医院内部的传播。[8]

返回医院之后，本德医生开始推广洗手运动。他很快就发现大多数医生自认为经常洗手，而且洗得很干净。颇具讽刺意味的是，一项调查表明，尽管 73% 的医生表示自己把手洗得很干净，但实际上只有 9% 的人经检查能达到医疗行业的规定。

Cedars-Sinai 医院急诊科医生保罗·希尔卡表示，医生通常是这样思考问题的："我肯定不会传播病菌，这肯定是其他人员导致的。"在这个行业中，最要命的是没人认为自己是问题的根源。

为了改变这种现象，帮助医生有效清洁双手，医院管理者曾尝试过不同的方法。他们用邮件、海报和传真每天提醒医生，结果并不奏效。大多数医生仍认为这是别人造成的问题，和他们毫无关系。直到医院推出一项奖励方案之后，这种情况才真正得到了改变。首先，医院派员工在停车场为每个医生发一瓶清洁剂。然后，希尔卡医生组织一帮人进行检查，看这些医生有没有使用清洁剂（选择正向激励而非负向激励）。

接下来是对他们的行为提供物质激励。只要这些医生坚持使用清洁剂，每人可以得到价值10美元的星巴克咖啡券，这就是奖励。你没听错，10美元的咖啡券就能搞定年薪几十万美元的医生，让他们认真洗手避免病菌的传播。实际上，单凭这一项小小的奖励，整个医院采用关键行为的医生比例就从65%增长到了80%。

像影响者一样行动

矿区车队的大型卡车都安装了GPS系统，可以记录车辆的速度、加速度和刹车情况。这些信息每天会汇总起来，为每个司机制作"危险驾驶得分"。车队对司机进行分组，每五人一个小组，小组得分包括组内驾驶行为最危险的司机的得分。

当分数达到一定水平时，小组每周可以得到一件小奖品，如帽子、T恤衫或咖啡杯，上面印有"优秀司机"的字样。这种奖励方式为司机带来的个人荣誉和集体压力非常大，通过有效结合可以显著推动行为改变。

奖励关键行为而非行为结果

我们在前面说过，最好把复杂的任务分解成多个较小的可行目标。现在要增加一条概念，在改变行为的过程中奖励每一个微小的进步。不要等实现重大突破之后再提供奖励，你应当随时奖励每一个细小的行为改善。[9]

虽然听起来这很容易，但实际上我们做得很不好，特别是在工作行为的改善方面。一项调查表明，员工最常抱怨的问题是做出贡献但得不到肯定。这显然是因为我们在表扬员工方面太保守，经常认为只有突出贡献才能得到表彰。至于微小的改善，似乎没有必要去费这个周折。每年我们都有新的调查出炉，反映员工对期望获得表扬的重视，但遗憾的是每年企业都不把它当一回事。

相对于人类善于鼓励小孩子取得的每一个进步而言，我们的行为方式的确非常奇怪。每当婴儿喊出牙牙学语的"妈妈"时，全家人都会兴高采烈，忙个不停地向亲戚传播这一"重大消息"，逗孩子再次张口，然后激动不已地大肆庆祝。

可是，我们这种热情激励微小改善的能力却会随着时间慢慢消失，直到有一天就连诺贝尔委员会打来的电话也会让我们无动于衷。小孩子会慢慢长大参加工作，可是再也听不到别人对你说"干得不错"，难怪有那么多企业员工都想得到公司的表扬。这就像是巨大的两极，一边是学者和研究人员衷心希望企业奖励员工取得的不断进步，另一边是员工苦苦期待在耗尽热情之前取得重大成就（否则就无法得到表扬），两极之间似乎存在着永远的隔阂。

奖励正确结果和正确行为

或许，人们不愿轻易表扬他人，是担心奖励微小的行为改善意味着鼓励平庸，或是让人觉得本末倒置。

"就是说，表现差的家伙每次达到了别人正常完成的目标，我都要敲锣打鼓地庆祝一番，难道是这个意思？"

当然不是。如果员工当前的表现水平令人无法接受，而且你不想花时间慢慢培养，最好将其劝退或是为其安排能力适合的工作。反之，如果员工某些方面特别优秀，某些方面有些拖后腿，但总体来说表现还算不错，你应当在落后的方面为他们确定努力目标，同时大力表扬他们取得的每一个进步。也就是说，你不应等到他们实现重大突破才给予奖励，而是要在他们实践关键行为的过程中随时提供奖励。

例如，得克萨斯州某大型生产商实施了一项变革项目，执行委员会的一位成员突然告诉管理者这家公司的文化太消极。此人显然读过年度员工调查，非常了解他们的心声。他的原话是这样的："公司有什么好事谁也不知道，但一出问题马上尽人皆知。"

了解问题之后，首席执行官让各级管理者关注公司内值得庆祝的重大成就。一个星期过去了，没有任何动静。这时，某个组装车间为员工设定了工作要求，然后有一天员工超额完成任务，组装了有史以来最多的产品。首席执行官很高兴，决定马上举行庆祝活动。

尽管看起来是个好消息，但管理人员调查之后的结论却说明了不同的问题。原来，为了超额完成任务，晚班员工降低了产品的质量标准。他们只顾着生产，忘记了补充用完的库存，导致早班员工增加了很多额外工作。而且，工人们还有意降低了前一天的产量，以便这天能打破纪录。

简而言之，管理者发现自己犯了一个错误，奖励员工的行为结果伤害了公司和员工士气。究其原因，他们只奖励了行为的结果，没有关注促成结果实现的行为是否正确。

像影响者一样行动

我们询问餐饮业大师丹尼·麦耶，问他是怎样利用物质奖励推动优质客服的。他想了半天说："我们没什么奖励措施，不过会把员工的小费集中起来，这种做法很多餐厅都在使用。我们认为为顾客创造美好体验是团队努力的结果，所以小费不是个人努力的体现，而是整个团队付出的回报。要知道，大家不能为了拿小费才服务顾客，服务顾客是因为你喜欢这份工作，认同顾客第一的餐厅文化。"丹尼的这番话表明，真正对行为产生作用的是第一种影响力和第三种影响力，他的目标只是确保第五种影响力和自己期望实现的行为并行不悖。

只奖励关键行为

在忽略行为的情况下只奖励结果，这种做法很不明智。此外，行为是一种人们可以控制的事物，而结果往往随着需求和其他外部要素的变化出现不同。因此，影响者必须不断观察并奖励那些支持重要程序的行为。

例如，今井正明在其作品《改善》中介绍了日本对奖励行为过程（而非结果）的高度重视。他在书中提到了这样一个案例，松下某工厂午餐时有专门负责斟茶的服务员，这些服务员发现员工每次总是坐在同样的位子，泡茶量也非常固定。于是，她们不再为每个员工提供满满一罐茶叶，而是根据每桌的饮茶量酌情提供，从而使茶叶的消费量减少了一半。[10]

这一努力能为公司节省多少钱？其实并不多，但是它却荣获公司颁发的总裁金奖。相比之下，其他优化建议节省的费用要多得多，但这个不起眼的提议能够获得最高奖，是因为评委认为它忠实体现了改善管理哲学的精髓。这个案例说明，只要奖励人们行动的具体过程，相应的结果便会自然而然地出现。

注意不要奖励错误行为

人们对于自己传达的信息总是不甚关注，以致有时会奖励完全相反的错误行为。这种情况并不少见，教练们总是喊着团队意识的口号，可一旦运动员取得成绩便把功劳揽到自己身上；孩子们很快发现真正重要的是成绩而不是互相帮助，于是很多人开始变得自私自利。

再比如父母对待吸毒上瘾的孩子，在表达关爱时，家人往往会无心地助长孩子的错误行为。他们嘴上说得很好："这回你可真的要戒毒了。"但行为传达的却是相反的信息："没戒掉的话，我们帮你租房子、找车，被抓住了会保释你出来。"显而易见，他们奖励的恰恰是希望改变的错误行为。

多年来，美国政府一直为国民储蓄水平过低的问题感到束手无策。他们对大洋彼岸的日本感到非常羡慕，因为这个国家的国民储蓄水平比美国人高很多倍。对此，有分析者认为问题的原因在于，日本国民具有不同的性格特征，具有更大的牺牲精神。不过，这个问题也许没有那么主观，而是在某种程度上和奖励机制有关。例如，在美国储蓄所得的利息是要被征税的，在日本很长时间之内都没有利息税。与此同时，在美国消费者债务的利息与信用卡和房屋贷款一样，都是可以减税的，但是在日本则恰恰相反。从这个角度来看，或许两国国民并没有想象中的不同，整个问题更多的是奖励机制使然。

实际上，很多组织机构开发的奖励机制往往奖励的都是错误的行为。史蒂夫·克尔博士在其文章《事与愿违》（*On the Folly of Rewarding A, While Hoping for B*）中首次对这个问题进行了分析。例如，美国士兵作战欲望的历史变化引起了一些老兵和学者的关注。他们发现，虽然并不普遍，但越战中美国士兵更倾向于避免冲突，甚至不惜通过杀伤军官的方式达到这种目的，这种情况在以前的战争中很少出现。和以前的士兵搜索加打击的做法相反，现在很多人都学会了搜索加逃避的策略。这种情况到底是怎样发生的呢？

首先，越战中美国大兵参战时带有复杂的个人感情，这一点和第二次世界大战时同仇敌忾的心理无法同日而语。[11] 面对国内同胞日益高涨的反战呼声，很难想象他们在越南战场上怎样毫无顾虑地奋勇杀敌。但是克尔认为，除了含糊不清的任务目标和来自国内的反战情绪，影响士兵行为的还有其他因素。

他认为奖励机制便是一种重要因素。对于第二次世界大战和越战这两代美国大兵来说，顺利回家都是令人心动的目标，可以说这是一个前提条件，因为谁也不想死在异国他乡。在第二次世界大战中要想早日回家，大兵们必须团结一致打赢战争，否则就没有回家的可能。在这种情况下，逃避作战只会阻碍目标的实现，同时给敌人更多的喘息机会。

相比之下，越战中美国士兵面对的情况就大不相同了。他们回家的前提是到过越南战场就行，而不是必须赢得战争。如果违抗命令或遇险逃避，他们几乎不会受到任何处罚。因此，只要是脑子正常的人都会躲避危险，拒绝管制，制造麻烦或是想尽办法远离战场。这就是出现差别的原因，他们的父辈在第二次世界大战中因为战功卓越得到嘉奖，但越战中的士兵却是因为安全自保得到奖励。

综上，当行为出现问题时，你应当仔细检查奖励机制。或许，你的奖励机制正是问题出现的根本原因。

像影响者一样行动

本书其中一位作者曾帮助某咨询公司调查优秀咨询顾问不断流失的原因。他到这家公司进行调查时恰逢其年度颁奖宴会当天。在宴会上公司选出了"年度勤奋奖"，颁发给当年在外出差时间最长的顾问，获奖者可以得到一份现金大奖。

获奖者激动地走到台上，接过5万美元的现金支票，表示要用这笔钱买一辆保时捷跑车。这笔奖金很诱人，能带来巨大的行为动力，但问题是公司连续四年来都出现了获奖者领奖后不到一年便离开公司的现象。据称，他们离开公司的理由是为了更好地实现工作和生活之间的平衡。

慎重选择是否采用惩罚

有时候，你根本没办法奖励他人的积极表现，因为他们从来都不会正确做事，无法达到你的要求。更糟糕的是，他们只会做错事情，而且是经常犯错。如果针对这种情况利用外部影响力，显然只剩下惩罚对方这种选择了。既然惩罚和奖励一样都属于外部强化作用，那么它一定也能发挥类似的作用，对吧？

其实不然。惩罚完全无法保证正面强化带来的镜像效应。研究人员通过动物和人类的数百种实验表明，惩罚会降低先前强化反应的可能性，不过这种影响只是暂时的。此外，惩罚还会带来一系列令人失望的影响。当对行为表现进行奖励时，通常我们很清楚奖励会推动行为朝着期望的方向发展。但是惩罚则不同，它往往会带来令人无法预测的结果。惩罚可能让人顺从，但这只是短时间的，随后对方可能出现反弹或是蓄意对你进行反抗。而且，受到惩罚的人基本上不会感谢你的做法，从而使你们的关系陷入紧张。

由此可见，惩罚会带来各种严重和充满危害的情绪影响，当随意惩罚他人时尤其如此。例如，马丁·塞利格曼在其作品《习得性无助》一书中提到一个实验，把狗赶到金属网格中，然后多次对网格进行随机电击，最后狗会蜷缩在一角，无论电击哪里都不敢移动位置。这个实验说明，在随机施加痛感时，受试对象会感到无助、崩溃和神经质。因此，在利用惩罚作为影响手段时，你必须小心翼翼。[12]

敲山震虎

想采用惩罚手段但又不真正实施，你可以对希望影响的对象来个"敲山震虎"。也就是说，明确警告对方继续犯错会带来哪些不利后果，但是目前并不真正实施惩罚措施。如果他们远离错误行为，我们便达到了目的，既警告了对方，又使其免于遭受惩罚。虽然这种方式有操纵他人之嫌，但是在做出仓促结论之前，我们先来看一个案例，了解一下在北卡罗来纳等州县警方是如何利用这种手段对付毒贩和其他犯罪分子的。在这个案例中，警方使用的也是威慑方式，而不是简单粗暴地把犯罪分子抓起来扔进监狱。[13]

在人们的传统印象中，警察办案的方式是针对目标区域开展严格的犯罪分子抓捕活动。这种做法很容易激起民愤，导致社区对警方的抗议，而且治理效果也不好，没过多久犯罪活动就会死灰复燃。只要警方一转移注意力，新的犯罪分子便会出现，接管以前被打击过的地盘。

这一次，警方决定采用新的应对方式。他们让犯罪分子参加通知大会，地区检察官承诺在 90 分钟的会议时间之内不会拘捕这些人。警方要做的是趁这个机会利用各种影响力让犯罪分子回心转意。

例如，除了犯罪分子，警方还请来了他们的亲友以及社区的意见领袖，说服他们悔过自新从事正当职业。然后出面的是检方人员，陈述适用该犯罪行为的法律规定和可能出现的后果，简而言之，就是告诉你会判多少年刑期。完成正式程序后，接下来是已经重新做人的罪犯（通常是以前的黑帮成员和毒贩）介绍改过自新的经验。最后出面的是公共服务机构，负责向犯罪分子介绍重返社会时可做的选择，包括工作机会和技能培训等。

接下来的环节比较有意思。这种"恳谈会"之所以非常有效，一方面是因为调动了各方面的影响力改变犯罪分子，另一方面是因为向他们明确说明"有罪必判，有刑必服"的严重后果。从这个角度来说，其他手段都不如这种方式能有效地阻止犯罪分子。以前警方的做法是大力宣传监狱的恐怖，没想到给犯罪分子留下的印象是只有傻才会被抓、被判刑。现在利用新的警示手段，警方态度鲜明地让犯罪分子意识到，胆敢以身试法就一定会被起诉。

会谈完毕之后，警方会让犯罪分子来到另一个房间（此时他们已经对说教感到厌倦），观看张贴在墙上的海报。每张海报下面有一张桌子，桌子上有一个文件夹，文件夹里存放的是警方前几周搜集到的证据，包括犯罪分子从事毒品交易的视频录像。

进入房间后，警方会让每个毒贩去找自己的文件夹。在寻找过程中，他们会发现墙上的海报是一幅高分辨率照片，显示的是自己交易毒品的罪证。在旁边的文件夹里，他们看到警方已经搜集了各种用于指控自己的证据。然后，他们会被要求坐下来观看一段视频，观看过程中检方会提示："承认自己犯罪的，请举起手。"只见他们一个一个地举起了右手。接下来,警方宣布他们已经被列入名单,被捕之后很快会受到严判。

一边是公检法义正词严的威逼,一边是亲友的晓之以理、动之以情,这种左右出击的手段很快让犯罪分子缴械投降。在北卡罗来纳州的一些社区,轻微犯罪发生率下降了35个百分点;在最早推行试点的三个社区,40个毒贩中有24人宣布弃恶从善。更重要的是,社区居民开始响应警方的做法,积极报案并与执法机构合作。

通过警告方式引发犯罪分子对错误行为的关注,而不是把人抓起来就万事大吉,这种快速有效且影响深刻的做法最终帮助很多顽固不化的罪犯改变了人生。

为了彰显活动的可靠性,警方并没有虚张声势。他们通知毒贩参加大会,对凡是没到的人马上实施抓捕并根据录像带里的证据进行起诉。同样,参加过大会但没有好好工作或再次出现犯罪行为的人也马上被警方拘捕。这些行动让人们意识到警方这次说到做到,从而大大加强了针对错误行为的威慑力。

如果一切手段都无济于事,坚决惩罚

有一点需要明确,有时候面对错误行为我们只能用惩罚手段处理,因为敲山震虎这一招对他们根本不起作用。你尝试了物质奖励,施加了群体压力,甚至恳求对方遵守规定,但还是无法克服错误行为为其带来的短期满足感。这时你就要考虑采用惩罚手段了。

俄罗斯解决油田工人生产安全问题的做法就是一个例子。[14] 随着石油需求量的激增,俄罗斯开始大力提高石油产量。不幸的是,很多新员工既没有经过安全生产培训,对这个重要问题也毫不关注。经过多年的失业和经济萧条,很多刚招聘的员工都是酒徒和瘾君子。在漠视安全问题、酒精和重型设备几方面因素的影响下,这里的事故发生率高得惊人。

面对高居不下的事故率以及新员工对机器习以为常的粗暴操作（他们对公司的鼓励或威胁根本不当一回事），管理者决定严惩可能导致事故发生的各种行为。他们在通知中表示将随机检测工作中以及上下班的员工有没有吸毒或饮酒。通过这种方式，公司很快解雇了一批违反规定的人。通过雷厉风行的惩罚以及安全培训的推广，油田的事故发生率马上出现了下降。尽管这种方式非常严厉，但和员工失去性命或肢体相比，显然不值一提。

再来看看埃塞俄比亚是怎样解决绑架新娘的可怕社会问题的。[15] 在埃塞俄比亚，年轻女孩经常在上学或放学路上被绑架和强暴，然后为了保存颜面被迫嫁给对她们施暴的犯罪分子。这种可怕的行为已经存在了数十年之久，但从来没有人讨论或尝试解决这一问题。令人意外的是，这种罪行却通过广播剧最终得到了解决。内古西·特法拉博士是人口传媒中心驻埃塞俄比亚的代表，他和编剧、制片一起推出了名为《审视每日生活》的广播剧，引起了巨大的轰动。其中有一集的剧情是，备受听众喜爱的女主角乌巴勒被人绑架，但最终得到解救并嫁给了自己心爱的男人。节目播出后不久，这一讳莫如深的社会问题一下子成为公众热议的话题。有位女性听众在来信中是这样描述节目对当地社区的巨大影响的：

> 乌巴勒的故事向大众真实地反映了这个国家长期存在的拐卖妇女和性暴力等恶习。因为这些恶习的存在，我们甚至不敢让自己的女儿去上学。我们的大女儿就曾经被绑架，14岁就被迫结婚了。我们非常担心同样的事情会发生在二女儿身上，为此惶惶不可终日。但是，你们的节目真实地揭露了这些问题的存在，让大众广泛参与讨论，最终激起了全社会的愤慨。人们开始强烈谴责如此毫无人性的罪行。现在形势终于出现了变化，我们社区专门制定了针对此类犯罪行为的惩罚措施。现在我们再也不用担心女儿的上学问题了，她每天都能非常安全地上学和放学。

特法拉博士表示，这一问题在埃塞俄比亚很多地方都得到了一劳永逸的解决，一方面是因为公众广泛参与讨论，另一方面是因为对错误行为进行了严厉的惩罚。现在如果有人敢袭击女性，犯罪者将会被投入大牢，而不是让受害者继续受到侮辱，成为他的妻子。

最后再来看一个企业案例。很多公司都反映员工对工作缺乏责任心，在进行调查时我们询问员工的第一个问题通常是："公司解雇你们的原因是什么？"我们发现，这个问题的答案几乎每次都和工作表现差无关，最常见的回答是"让老板难堪"，还有人回答"让同事不爽"。换个角度来理解，只有严重冒犯行为或是办公室失言才会被炒鱿鱼。听到这种言论，我们可以肯定公司上下几乎从来不对日常违规行为进行惩罚。显然，问题的核心不是为了让员工顺服而去威胁他们，而是在于如果面对违反核心价值的行为不进行惩罚，企业维护的价值就会变成一纸空文。

与此相反，在敦促员工为行为负责时，你应当明确提出企业的价值观。例如，我们曾为佐治亚州某大型消费者产品公司提供咨询服务，这家公司准备杜绝员工的种族歧视行为。为改变当地几个世纪以来长期存在的错误行为，管理者决定从常见种族歧视行为下手，利用惩罚手段彻底消除这种恶习。他们选择了一个简单的目标，禁止任何人在公司内部传播种族歧视笑话。

在具体行动中，管理者先表明自己的立场，明确要杜绝的行为以及准备采取的行动。任何人在公司内部讲种族歧视笑话会被马上开除，没有任何警告或宽限期。管理者说到做到，对敢于违反规定的人严惩不贷。后来他们果然发现并开除了第一个这样做的员工，从那之后公司再也没有出现过此类问题。

总结：系统动力

利用奖励或惩罚的方式影响他人的行为操作起来并不容易。如果你打算利用这些外部动力鼓励或阻止某种行为，必须注意几条原则。首先，你必须把个人动力和社会动力作为施加影响力的首要方式，让行为价值本身及其社会动力因素发挥主要的影响作用。

在利用物质激励手段时，你应当确保外部动力因素和关键行为紧密相连。注意奖励你希望重复出现的具体行为。选择的奖励方式可以是价值很小但充满象征意义的物品，因为在利用外部奖励推动行为改变时，少（价值低）即是多（意义大）是一条重要原则。你应当奖励的是行为而不是结果，因为结果有时会遮掩错误的行为。最后，如果不得已要采用惩罚手段，先敲山震虎，让对方明白你改正错误行为的坚定决心，然后再实施惩罚。

| 第9章 |

环境刺激
系统能力

> 人是环境的产物。你应当选择最适合个人目标发展的环境,按照所处的环境分析自己的生活。你所处的环境会推动你取得成功,还是会限制你实现个人抱负?
>
> ——克莱门特·斯通

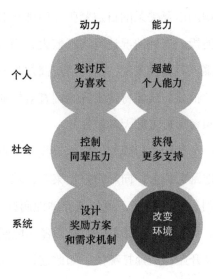

在支持关键行为方面我们已经介绍了两种影响力，通过针对性强化训练提高个人行为能力，以及通过他人帮助推动个人能力发展。关于第三种提高行为能力的影响力，我们要探究的是人力因素之外客观世界的作用，如建筑物、空间布局、声音、视野等，因为它们也是一种重要的影响力来源。为便于说明，我们先来看一个例子，然后再介绍具体的影响力理论。这是一个非常经典的案例。

20 世纪 40 年代末，美国餐饮协会请芝加哥大学教授威廉·福特·怀特帮助解决一个困扰其已久的问题。当时正值第二次世界大战结束，美国进入快速发展期。随着经济的繁荣，美国人开始经常下馆子吃饭。但不幸的是当时餐饮业的规模很小，一时无法满足汹涌而来的客流。[1]

随着美国大兵陆续返回家乡，这种情况变得更加棘手。战争期间，由于劳动力缺乏，大量女性开始从事各行各业的工作，餐厅厨师便是其中之一。现在，退伍军人开始接替这一高薪职位，让原来掌勺的女性从事服务员工作，这一变化让很多人感到不满。因此，在吆喝厨房点菜时，她们总是心有怨气，而负责炒菜的老兵也毫不客气，总是对她们甩脸子。

面对客人的不断增加以及关系的日益紧张，厨师和服务员之间的争吵几乎成了每个餐厅的家常便饭。这种情况让顾客很恼火，因为他们之间的争斗结果不是上菜慢就是上错菜。对厨师来说，这种情况偶尔是一时忙乱造成的，但大多数是对服务员的故意报复。当怀特博士开始调查餐饮业状况时，这种问题正愈演愈烈，导致顾客和餐厅员工都大量流失。

怀特博士选择了一个餐厅进行观察，努力寻找冲突背后的行为方式。他发现，服务员总是匆匆地跑到柜台，向后厨报上菜名，然后再飞快地跑回到客人身边。要是再过来的时候菜还没好，她会这样催促厨师："死毛球，煎牛肉快点儿，你胳膊断了啊，这么慢！"厨师马上毫不客气地回敬一句。过了一会儿服务员发现菜不对，又开始和厨师打嘴仗。如此这样几次之后，厨师会故意放慢速度，报复服务员的做法。怀特甚至发现，有些厨师干脆转过身去不搭理服务员，直到把她们气哭才完事。

对于这种错误行为，很多咨询顾问可能会尝试培训人际沟通技巧，开展团队合作训练，或是建议从改变薪酬入手解决问题。但是怀特却采用了完全不同的做法。在他看来，解决问题最好的办法是改变员工的沟通方式。

他接下来提出的创意才真正叫绝。

怀特建议这些餐厅采用新的点菜方式。他设计了一个 50 厘米的金属圆盘，上面焊有一根垂直的细铁丝，让服务员把写好的菜单串在铁丝上。然后，厨师会根据菜单的顺序，按照最合理的方式准备菜肴（一般是先点先上的顺序）。

接下来，怀特找了一家餐厅做试点。他给厨师和服务员简单地做了 10 分钟的说明，然后便开始了实验。实验结果发现，餐厅的员工争吵和顾客投诉现象大大减少。厨师和服务员都很喜欢这种方式，称它有效地解决了彼此报复的问题。

很快，美国餐饮协会开始在整个行业内推广这种新的做法。怀特的点菜架（后来很快演变成今天常见的轮式点菜架）并没有直接改变行为方式，他选择面对的不是行为规范、历史或习惯，而是消除了厨师和服务员之间的语言沟通，进而消除了随之出现的问题。这种改变马上就得到了实现，通过改变环境而不是改变人，怀特一劳永逸地解决了问题。

容易被忽略的环境

我们敢肯定，你和大多数人一样都没想到怀特的解决方案。的确，我们普通人很少把改变物质环境作为改变人类行为的一种方式。[2] 我们发现别人行为不端，首先想到的是去改变人而不是他们所处的环境。由于习惯于从"人"的角度考虑问题，我们会完全忽略"物"在这个方面发挥的细微但重要的作用，如房间的大小或椅子的影响。这种影响力来源（物理空间）很少得到使用，是因为我们很少关注身边的环境。著名社会技术理论学家弗莱德·斯迪利曾说过，我们大多数人都"毫无环境感知能力"。你要是不信，可以问问今天的厨师和服务员为什么不像 50 多年前那样每天吵个不停，估计没有几个人知道是小小的点菜架帮助他们实现了"和平共处"。

物理空间以及其中的事物对人类行为的影响在商业世界也随处可见，而且同样经常被人们忽略。例如，本书作者曾为某大型保险公司的总裁提供咨询服务，这家公司因为服务质量问题的损失高达数百万美元，但在公司内部，人们很少谈论这些问题。为了改变这种现象，总裁决定在公司上下培育坦诚交流的企业文化。他表示："只有每个人都关注，质量问题才能得到解决。我们必须让所有人都敢于表达自己内心的想法。"

尽管总裁的号召很有力，演讲很感人，笔记记了一大堆，培训搞得也不错，但这些努力还是没有推动员工的坦诚交流。有一次在和人力资源经理沟通时，这位总裁抱怨道："我想尽办法让大家开口，但结果还是不行。"于是，他请我们帮助公司设计一个方案，推动各级员工随心所欲地表达内心的想法，哪怕是和上级不同的观点。

在对这家公司进行调查时，为了和总裁会面，我们要穿过六道走廊（每一道都有一架飞机那么长，两边的墙上挂了很多价值数十万美元的艺术品），经过四个秘书站，每一个秘书站都要仔细检查、详细盘问。进入总裁办公室后，我们看到他坐在一张足有一辆车那么大的办公桌后。办公室的沙发很矮，而且非常松软，一坐下去膝盖都快顶到我们的胸口了。我们抬头向总裁看去，那情形就像小学生在仰望校长一样。

然后总裁发话了："我总感觉这里的每个人好像都很害怕跟我讲话。"或许，他压根没意识到自己的办公室布局和希特勒的官邸不相上下（希特勒命令走廊长度要超过 140 多米，以向来宾展现第三帝国的权力和威严）。[3]诚然，在这里员工无法坦诚相待的原因有很多种，但总裁办公室的物理环境设计本身就足以让人噤若寒蝉了。

过了好半天，我们当中才有人壮起胆子说："你有没有考虑过修改一下办公室的布局？"

随后我们提出了一个综合性方案，首先改变决策层的办公环境，一改过去高不可攀、壁垒森严的感受。

社区环境中毫不起眼的东西也会带来显著的行为变化。乔治·凯林发现一个社区的物理环境会传递无声的信息，滋长某些不良行为。为此，他在纽约市开展了声势浩大的社区运动，最终推动这座城市的犯罪率成功降低了 75 个百分点。很少有人知道，这位影响力大师正是利用改变环境来达到这一目的的。

在乔治·凯林到来之前，纽约的地铁站一直是抢劫犯、杀人犯和毒品贩子的乐土。作为一位犯罪学家以及"破窗理论"提出者，凯林认为邋遢的环境会向人们传递强烈的反社会行为信息。[4]他说："这就像一扇长久失修的破窗，暗示人们这里没人管、没人关心。"受到这种信息的鼓励，这里会出现更多的违法行为，包括暴力犯罪。

为缓解环境对社区造成的负面影响，凯林建议纽约运输管理局采取一项在别人看来非常可笑的措施。他对社区管理者说，必须努力从身边的小事做起，特别是那些容易滋生犯罪行为的细微环境问题。

凯林开始系统地改变无声的环境，从消灭涂鸦，打击乱丢垃圾和破坏公共设施做起。政府组织了专门的工作人员，随时把刚画上的涂鸦粉刷掉。经过一段时间之后，随着清洁工作的深入以及对不良行为的打击，他们的行动开始展现效果了。社区环境得到了改善，居民自豪感大大提高，轻微犯罪行为和暴力犯罪行为都迅速减少。通过改变细微的、无声的物理环境，凯林获得了重大回报。

这些案例说明，影响强大但经常被忽略的环境因素对于行为改变非常有利,因为它能带来希望。如果能通过消灭涂鸦,拆除墙壁,改变汇报结构,添加新设施,张贴数字或其他改变环境的方式影响人的行为,那么管理者、父母或变革促进者面对的困难就不会那么巨大了。毕竟,它们都是安安静静、不会移动的物体。要知道,环境从不抗拒改变,你在改变它们时,它们从来都会全盘接受。

我们经常忽略利用环境的影响力主要有两个原因。一是我们一直在讨论的问题,很多时候,我们往往对身边环境中的重要影响因素熟视无睹。比如,工作程序、分工布局、汇报结构等要素都能有效改变行为方式,但我们很少想到从这个角度去解决问题。距离的远近会影响行为方式,但我们经常忽略;身边的环境会影响行为方式,但我们从来都未加留意。二是即使意识到环境会对行为产生影响,我们也不清楚究竟该怎么做,因为我们的大脑中没有社会物质理论的概念。如果有人要我们了解费斯廷格、沙赫特和列文的毗邻性理论(空间对关系的影响),我们肯定觉得是在开玩笑。毗邻性?这个词是什么意思?

这就是我们最后要介绍的影响力来源。为完善影响力策略,我们必须面对挑战,培养环境认知能力。要做到这一点,我们必须:①时常思考身边的环境;②有能力提出可以通过改变环境来改变行为的方案。只有这样,我们才能真正掌握这一重要的影响力手段。

学会关注环境

如果忽视关键的影响力是因为我们根本没想过要去关注,现在是时候做出改变了。我们越善于关注身边这些不起眼的要素,利用它们解决问题的成功率就越高。同样,我们越善于发现周遭环境对自己的影响,警惕其左右我们生活的可能性就越大。

为了更好地说明上面的观点,我们可以用个人生活中的例子来说明,比如饮食习惯。了解环境的影响力对于节食有何帮助呢？对于纠结于减肥问题的亨利来说，了解这一点能帮助他改变行为吗？

要回答这个问题，我们来看看社会科学家布莱恩·汪辛克是怎么做的。他的研究方式是通过操纵环境来观察细微的外界变化如何为人类行为带来重大改变。例如，他请一帮刚吃过饭的人看电影，进入电影院时他的助手给每个人发了大小不一的过期桶装爆米花。因为不是刚出炉的食品，这些爆米花在嘴里嚼起来嘎吱作响、难以下咽，有人形容感觉就跟咬泡沫塑料一样。[5]

尽管难吃得要死，而且每个人刚吃完午饭，但奇怪的是电影结束收回纸桶时，汪辛克发现几乎所有人都吃掉了不少爆米花。更有意思的是，决定爆米花消耗数量的并不是这些人食欲的大小，而是纸桶的大小。拿到大桶装的人比拿到小桶装的人多吃了 53% 的爆米花。看来，看电影时的放松状态、纸桶的大小、周围吃东西的声音，这些都在悄无声息地影响着人们，让他们在毫无意识的状态下吃掉平时根本吃不下的东西。

汪辛克的发现对亨利很有帮助。比如，事实和我们很多人想象的并不一样，实际上我们在吃饱之后还会继续进食，一直吃到身边的事物提醒我们吃不下时为止。为证明这一点，汪辛克设计了一个"魔碗"。这个碗可以从底部加汤，表面上不会让进食者有任何察觉。使用普通的碗喝汤时，一般喝 200 多克我们就会感觉饱了，但使用无底碗时却能喝下 400 多克，甚至有人喝了一升多才觉得饱。想想看，虽然两组人都喝饱了，但实际上其中一组比另一组多喝了 73% 才停止。为什么会这样？原因很简单，进食者毫无意识，都是根据碗空的程度来判断自己有没有喝饱的。

汪辛克认为，人们每天会在毫无意识的情况下做出 200 多次进食选择。这种盲目的进食一方面会让我们摄入几百卡的热量，另一方面又不会让我们感到满足。就算他的观点有一半成立，我们也能通过改变无意识选择的方式深刻地改变自己的饮食行为。

无论家庭、企业还是社区，这种现象其实都普遍存在。我们的行为无论好坏，在很大程度上都会受到身边各种环境悄无声息的影响，使我们的决定和行为在毫无知觉的情况下被左右。因此，要充分利用这一重大的影响力，你必须把关注点从人转移到他们所处的环境中去。你应当正视长期存在的问题，找到关键行为，然后从助长错误行为的环境中寻找细微的线索加以改变。

彰显容易忽略的细节

发现助长错误行为的环境因素之后，你接下来要做的是让每个人都意识到它们的存在，换句话说，就是彰显这些容易被人忽略的细节。你应当说明这些环境因素，提醒人们留意希望影响的正确行为。例如，汪辛克还有一个有趣的薯片实验。在实验中，他把受试者分为两组，两组都可以在休闲活动中随意享用薯片。受控组得到的是统一包装的薯片，实验组得到的薯片则略有不同，盒中每逢第十个会被改为彩色薯片，其他都是正常的颜色。实验结果表明，实验组吃掉的薯片数量比受控组少了 37%。

为什么会出现这样的结果？秘密就在这第十个薯片上。通过提供彩色薯片标记数量，汪辛克成功做到了彰显细节。在这个实验中，没人提过薯片的包装或颜色不同，没人说过要控制食量，但仅凭一个视觉线索，进食者突然就会意识到自己吃了多少薯片。这种意识足以帮助他们做出停止进食的决定，而不是继续跟着感觉走。

企业管理者早就意识到了这种做法的重要性。例如，20 世纪 60 年代艾玛利空运公司成了集装箱运输的先锋。这家公司提出使用结实耐用且尺寸相同的集装箱运输货物，这种做法很快为世界经济带来了重大改变。集装箱运输比以前的运输方式效率高得多，直接导致国际货运价格大幅下滑。随着价格的下跌，以前由于高涨的运输成本而在国际竞争中受到保护的行业（如钢铁和汽车）彻底失去优势，开始面对来自世界各地的挑战。

尽管公司取得了很大的优势，但当时担任系统执行部副总的爱德华·芬尼却很烦恼，因为员工总是无法把新式集装箱装满。内部审计结果表明，这种集装箱只有45%的机会满装运输。虽然对工人们进行过多次培训，而且在操作中不断提醒满装的重要性，但他们还是经常忘记这样做。尝试各种方式均告失败之后，芬尼突然想到了一个形象直观的好办法。他在每个集装箱内壁粉刷了一条显眼的"满装线"，为工人的操作提供有效的参照物。[6] 很快，集装箱的满装率从45%迅速提高到了95%。通过彰显容易忽略的环境细节，芬尼毫不费力地解决了这个令人头痛的问题。

通过改变环境影响行为的方式在医院也取得了成功。[7] 聪明的管理者知道如何彰显容易令人忽略的成本信息，从而帮助人们意识到无意识选择带来的巨大经济影响。医院管理者一向鼓励医生注意小件物品的使用，它们虽然成本不高但用量非常大，因此会造成巨大的费用。例如，一副无粉乳胶手套的成本要比普通的舒适感稍差的一次性手套高十几倍，无论管理层怎样再三强调降低成本，每个医生还是继续使用较贵的产品，哪怕只是进行时间很短的检查操作。[8] 毕竟，无粉乳胶手套戴起来更舒服，再说谁会在乎多出来的一点钱呢？

可是有一天，医生们发现情况有些不同了，有人在较为便宜的手套包装盒上写了大大的"25美分"字样，在较贵的手套包装盒上写了醒目的"3美元"字样，这个问题立即得到了解决。现在医生们再做选择时马上会意识到价格不同这一重要信息，使用昂贵手套屡禁不止的现象得到了很好的控制。

再来看医院里工作人员的洗手问题。我们在前面提到过，在美国医疗机构中工作人员不经常洗手是个非常普遍的现象。在第8章，我们提过本德医生如何利用星巴克咖啡券作为奖励方式鼓励医生们使用清洁剂。单靠这一影响力手段，医院里遵守卫生规定的行为比例就从65%提升到了80%。但是这对本德医生来说还不够，他期望实现的比例更高。但究竟该怎么做呢？他尝试了几种不同的方法鼓励医生勤洗手，但结果都不理想。直到有一天本德意识到应当彰显细节时，这个问题才找到了新的突破口。

想想看，还有什么细节会比致病的细菌微生物更容易让人忽略呢？

利用这种方式呼吁大家重视卫生行为需要一些夸张手段。在一次高级医生例会上，医院的流行病学家瑞卡·墨菲给每人发了一片皮氏培养皿，上面覆有一层琼脂培养基。他让每个医生在上面按下自己的手掌印，然后拿到实验室进行细菌培养和拍照。[9]

照片洗出来后，上面的图像让每个人都大吃一惊。这些医生在按手印时全都坚信自己的手非常干净，但照片上密密麻麻的黑点证明他们其实每天都在向患者传播病菌。现在，医院甚至把一些菌群放大成彩照用作医生的屏保图片，以此方式警示他们注意医疗卫生。

在改变医生的洗手行为问题上，这些照片建立了强烈的间接体验和视觉线索，能有效提醒医生坚持正确洗手。虽然他们看不到微小的致病细菌，但这种方式可以让他们看到隐藏在指纹中的可怕菌群。通过这种方式，医院让一些医生中的意见领袖也意识到自己在医疗卫生方面的不足，从而把正确行为的采用率成功提高到近100%，并得到了长期稳定的坚持。

像影响者一样行动

20世纪90年代，哥伦比亚首都圣菲波哥大曾遭遇严重的水荒。当时的市长安塔纳斯·莫库斯是一位出色的影响者，在短短几个月的时间内通过各种方式把用水量减少了40%。莫库斯先是通过广播节目指导公众掌握节水的关键行为，然后利用市内无处不在的电话系统帮助人们操练这些行为。每次用户拨打电话遇到忙音时，他们听到的不再是哔哔的蜂鸣声，而是莫库斯和蔼的建议："很抱歉线路正忙，请注意节约用水！"

留意周围的信息

前面提到的影响者有一个共同之处，他们都善于把隐藏在黑暗未知角落里的细节展现在人们面前。通过彰显这些环境中的细微线索，他们可以吸引人们对重要信息的关注，最终改变人们的想法和行为。在这些案例中，人们并不抵制认真洗手、戴便宜手套或是把集装箱装满等想法，他们只是在当时没有意识到这些正确行为。因此，只要把隐藏的信息显露在他们面前，就足以改变他们的行为。

这一观点和班杜拉在前面对我们的提示完全一致，他认为信息可以影响行为。人是根据认知地图做出选择的，认知地图可以解释哪种行为会带来什么后果。我们现在研究的问题涉及两个方面：一是人们不知道从哪里获取信息，二是这些信息会怎样影响我们的行为。实际上，我们经常面对的是不完整或不准确的信息。当持续不断地向我们灌输这种信息时，我们会错误地认为它们是真实的，并在此基础上选择相应的行为方式。

我们可以用一个小实验对此进行说明。不要细想，马上说出世界上有哪些正在发生武装冲突的地区。大多数人会说出 2～4 个地区。想想看，你为什么会说出这几个地方而不是其他地方呢？是因为只有这几个地方在打仗吗？还是因为这几个地方战事最惨烈？抑或是因为这几个地方的政治意义最为重大？

不，都不是。这是因为它们是媒体持续进行报道的地方。当今世界每时每刻都有 20 多个地方发生武装冲突，但人们很少听说其中的大部分战事，这在国际上非常普遍。这种情况之所以令人震惊，不是因为我们的思维深受个别新闻制片人的影响，而是因为我们通常毫不关注此类事件。

我们经常犯这种错误，是因为我们的大脑非常善于进行启发式思维，这种现象被认知心理学家称为"直觉推理"。[10] 我们可以通过一个小测验说明它是怎样发挥作用的：全世界每年造成死亡人数最多的是自杀还是他杀，是火灾还是溺水？大多数人会选择他杀和火灾，因为这样的新闻几乎每天都会看到。

实际上，因为要保护隐私，有关自杀行为的报道很少，所以我们并不经常听说。火灾一向是现场报道的重要话题，新闻记者总是第一时间站在烈焰和浓烟前介绍现场情况。由于我们经常在新闻中看到有关谋杀或火灾的报道，很少看到有关自杀和溺水的消息，便会想当然地认为这就是事实，丝毫不知它们是被扭曲的。实际上，溺水和自杀死亡的情况更多，我们只是在直觉推理过程中成了错误信息的受害者，更要命的是我们对此一无所知。

影响者非常清楚正确信息的重要性，他们会提供可支持行动目标的、及时的、清晰可辨的和准确的信息，努力确保影响力策略对关键行为的关注。他们从不轻易接受信息，而是认真地管理、鉴别信息。例如，霍普金斯医生在全球推广消灭麦地那龙线虫病运动时会怎么做？为启动项目，他要面对的最大挑战是提升发展中国家领导人对寄生虫病的关注级别，把它放在第一位，而不是把精力放在流血政变、经济萧条、官员腐败等次要问题上。

如果不这样做，你就无法让他们意识到这个问题的严重性。因为国家领导人大都是在城市中长大的，他们对农村地区麦地那龙线虫病的肆虐毫不知情。例如，美国前总统、卡特中心创始人吉米·卡特告诉我们，在巴基斯坦开展消灭麦地那龙线虫病工作时他们遇到的第一个问题是，这个国家的总统竟然从未听说过这种寄生虫。[11] 与此同时，即使那些知道病情广泛存在的领导人也很少关注染病的村民，因为他们的政治基础主要是城市而不是农村地区。

因此，霍普金斯医生的当务之急，是通过改变信息的方式提升这些国家的领导人对病情的关注。出于这个原因，在这场根除麦地那龙线虫病的运动中，各国团队一直都在认真搜集整理各种相关的数据和信息。

霍普金斯告诉我们："在这场消灭虫害的战争中信息具有至关重要的意义，我们首先要了解的是每个国家有关发病情况的基本信息。"实际上，他们要寻找的是那些违反直觉和令人震惊的统计数据，希望以此唤醒人们对这一问题的关注。例如在尼日利亚，政府领导以为这种病情在全国范围内只有几千例。1989年通过农村调查队从全国各地汇总的感染病例，领导者吃惊地发现其总数竟然超过65万，是原来预计病例的3 000多倍！尼日利亚一度成为全世界麦地那龙线虫病疫情最为严重的国家，通过了解和掌握正确信息，政府大大加强了消灭疫情的力度。

管理信息需要具备可以改变人们认知地图（不是个人经验数据）的真实数据，因此你的数据必须及时、一致且具有相关性，这样才能发挥重要影响。霍普金斯向卡特中心的工作人员指出，只有向各国政府提供强有力的数据信息，才能推动影响力的实现。厄尼斯托医生是霍普金斯的助手、麦地那龙线虫消除活动的技术主任，负责管理卡特中心的相关工作以及全球活动的跟踪和交流。此外，他还负责在《麦地那龙线虫病情通告》中定期更新数据。该通告每月通过卡特中心和疾控中心印刷出版，总结各国在消除疫情方面的进展和遇到的挫折。

霍普金斯笑着说："我们绘制了很多图表，但最有影响力的还是消灭麦地那龙线虫竞赛表。我们利用人们喜欢争强好胜的心理设计了一个表格，每个国家（或者用该国活动管理者的头像）代表一个选手放在一起进行比较。这种方式直接有效，人们不仅能一眼看到本国的病例数，而且马上知道和别的国家相比是多还是少。"

可是，这种展示信息的方式能影响人们的行为吗？

霍普金斯是这样回答的："在和布基纳法索总统进行讨论时，我向他介绍了疫情信息。我手上有各种数据和图表，但他最想看的是竞赛表。原因很简单，谁都不想在比赛中垫底，所以这张表最引人关注。"

在企业中，利用信息影响行为方式的情况也很常见。不同圈子的员工经常接触不同的信息，从而决定了他们会有不同的行为和爱好。不同的圈子、部门和员工级别在公司中关注的问题有很大的差异，这并不是因为他们的价值观不同，而是因为他们接触的信息不同。例如，一线员工每天要接触前来投诉的顾客，因此更多关注的是客服问题；公司管理层每天要研究财务报表，因此更多关注的是股东利益。同样，每天负责检测产品质量的员工，会对质量问题更为关注。存在这种差别一点都不稀奇。

对于特定利益群体而言，存在不同的兴趣目标并不是因为员工更为关注某人或某个方面，而是因为在接触信息单一的情况下很难期望他人在行为方式上做出均衡的选择。例如，我们曾为很多公司高管提供咨询服务，对他们来说，最影响其行为方式的是每周都要关注的生产数据。当公司出现士气低落等问题时（通常因为员工感到委屈），他们会将其视为"人的问题"而缺少对此的关注，因此等去解决问题时才发现为时已晚。客服情况也存在同样的问题，虽然客户第一的口号喊得很响，但很少有人真正去关注或改善客户关系，每次都是等重要客户被竞争对手挖走之后才意识到其重要性。

为了改变这种关注点狭隘的情况，我们调整了这些管理者接收信息的范围。现在，除了每周的生产数据，他们还要详细了解关于客户和员工的数据。通过观察其行为方式，我们发现他们扩展了目标，开始更多关注利益相关方，这是以前从来没有出现过的新变化。与此同时，对于那些长期关注客户满意度的员工，我们为其提供了每周生产成本和利润方面的数据，他们也同样扩展了关注目标。例如，在面对前来投诉的顾客时，员工不再简单地让公司掏钱埋单（这是最简单的解决方式），而是开始寻找其他成本更有效的方式解决问题。在接受我们的调整之前，企业管理者和员工都表示关注其他利益群体的重要性，但他们的行为实际上还是各顾各的。直到改变了他们接收信息的范围，这种情况才出现变化。

关于信息还有一点需要注意，人们在这个问题上经常出现"关注过头"的情况。例如，企业管理者往往会因为过于关注信息的搜集整理，反而忽略了信息本身的重要性。他们的案头总是摆满各种需要处理的报告、资料和邮件，使大量信息变成令人麻木、毫无条理的垃圾。影响者不会犯这种错误，他们只关注和思考需要分享的信息。他们很清楚，搜集整理信息的唯一目的是强化关键行为。

像影响者一样行动

某住宅区管理方遇到一个棘手的问题，他们每年都要在维护绿化方面浪费很多钱。在这个小区，每年都有50棵树木死掉，更换每棵树需要花费500美元。对于物业公司来说，这样做毫无意义，死了栽，栽了死，反反复复地浪费钱。后来，有位业主决定为每一棵树编号登记，做成数据库加以维护。他一共做了400多棵树的标签，在上面写明树种以及会遇到哪些问题。

管理方很快发现，原来树和树也不一样，并不是所有的树都适合在这里种植。这个小区有一片湿地，这里种什么树都无法存活，可他们还是年复一年地花钱蛮干。显然，建立这个数据库有效地影响了人们的行为方式，不仅节约了树种和资金，而且省去了不少人力。

空间因素

信息对人类行为的影响固然难以觉察，但可以说空间的影响力更加容易令人忽略。建筑师设计出不同的空间，我们经年累月地生活在它们的影响之下却浑然没有意识。当社会心理学家里昂·费斯廷格等人开始研究空间（及其二维体现、距离）对人际关系的影响时，他们恐怕也未曾想到即将揭开的是一个社会心理学历史上最为重要的现象——毗邻性。简而言之，毗邻性指的是物理空间上的接近，费斯廷格等人曾花费大量时间研究它对人类行为和人际关系的影响方式。[12]

例如，想想你身边的人哪些人成了夫妻？他们是怎样相识的？在工作中谁和谁会成为合作伙伴？在一栋楼里哪个人朋友、熟人最多？公司里哪个员工和上司的关系最好？也许你会说，这些复杂的人际关系大多取决于个人兴趣和人际交往。可是，你确定吗？

实际情况不一定是这样。费斯廷格发现，人际互动的频率和质量在很大程度上是由物理上的距离决定的。例如，住在公寓楼楼梯口的人认识的人最多，因为住在其他位置的人门口不会每天有人走来走去。住在邮箱对面的人认识的邻居最多，因为楼内其他人没有机会每天跟取信的人打交道。在公司里，和下属经常沟通的上司人际关系最好。那么在他们当中和员工沟通的频率最高的是谁呢？答案很简单，工位离下属最近的那一位。

但反过来说情况就不一定了，距离太远会造成沟通的不便和关系的疏远。对企业而言，员工无法面对面沟通（以便互相认识和一起解决问题）甚至会带来更糟糕的结果，使各部门相互攻击、各自为政。员工们开始互相起外号，动不动就说"他们"如何如何，把其他部门的人都视为坏蛋，把所有的过错都归咎到别人头上。想要知道一个公司里部门和部门之间的互相猜忌和彼此憎恶有多严重，拿把尺子去量一下就知道了。

不过并不是每个人都会受到空间和距离的负面影响，有些人善于利用它作为一种正面影响力。说到如何利用空间作为培育关键行为的手段，我们不得不谈迪兰西公司的成功做法。在这里，西尔伯特的目标是培育两种关键行为：一是员工要互相负责而不是只对自己负责，二是保证每个人都能公开指出他人的错误。怎样才能做到这两点呢？要知道这帮人从来都不会沟通，一言不合就开始拳脚相向。

西尔伯特的第一招是教大家怎样和平共处。她找了三个员工，一个是刚来的，以前是墨西哥黑手党成员，另一个半年前是美国非洲裔社团分子，还有一个一年前是雅利安兄弟会头目,并把他们安排到同一间宿舍。在九人间的宿舍中,其他六人也分别来自不同的社会背景。在迪兰西公司,负责员工领班工作的是来自某个帮派的成员,管理学习班的往往是来自另一个帮派的成员。这里就像一盘大杂烩,大家来自各种不同的犯罪组织,现在必须学会如何以正确的方式互相帮助和指出他人的问题。

我们在迪兰西餐厅吃饭时,曾亲眼看到这种"亲密组合"方式为员工行为带来的影响。那天在餐厅服务的是一个名叫科特,满身都是文身的白人员工。科特不小心打碎了一个盘子,他刚来公司几个月,负责从餐桌上收盘子,显然他还没有熟练掌握这份工作。

这也不能怪他。科特来自加利福尼亚州里士满一个犯罪率高发的黑人社区,从六岁上学起就不断接受充满仇恨的白人至上主义宣传,哪里知道该怎么端盘子,收拾桌子。进入迪兰西公司之前他在大街上流浪了五年,在随后开始的告别毒品的60多天里他仿佛一具行尸走肉,更别提该怎样取悦顾客了。

望着打碎的盘子,科特羞愧地低下了头。餐厅里不少顾客都听到了声音,转头向他看去,这让科特更加无地自容。科特心里一阵烦躁,不知该破口大骂,还是找个地缝钻进去。就在这时,我们领略到了西尔伯特"空间改造法"带来的魔力:餐厅的黑人领班(他是科特的室友,来自里士满和白人至上群体对立的帮派)连忙走过去,朝跪在地上整理碎片的科特背上拍了两下以示安慰。然后,这位领班也跪下身来帮助科特收拾残局。只见他对科特笑了笑,耸耸肩做出一副"没啥大不了"的表情。这一举动让科特如释重负,彻底为他解了围。

尽管迪兰西公司影响改变行为的方式有很多,但利用这种方式促进人际关系的做法还是让我们感到很特别。通过为员工分配不同的任务,然后让他们在工作中彼此守望,你可以更有效地把原来互相厌恶的关系转变成互相支持的力量。

利用空间变化影响行为方式在家庭中也能得到很好的应用。例如，最近一项研究表明传统的餐桌正在快速从我们的家庭生活中消失。与此同时，家庭功能障碍和家庭成员不满的出现表明，家庭团聚现象正在以同样的速度减少。这两者之间是否存在必然联系？我们想说明的不是家具销售量的下滑会破坏家庭团结，而是餐桌是推动家庭团结的重要载体。换言之，没有了餐桌，家庭成员就失去很多一起团聚的机会。

你可能会问，人们为什么不愿购买和使用餐桌了呢？答案是微波炉的出现。[13] 曾几何时，准备晚餐是一家人都要参与的家庭大事，每个人都要在相同的时间和地点一起进餐。现在，微波炉改变了这一切。无论什么时间，谁都能用它快速加热自己的那份饭，谁还会花时间烹饪让家人一起享用的大餐呢？

在餐桌消失之后，随之而来的是晚餐沟通的消失。和以前一家人一起吃饭不同，现在的孩子更愿意一个人吃饭或是和小伙伴一起吃饭。这种现象的出现以及多卧室房屋和独立电视的普及，充分说明了空间上的变化对父母影响力下降发挥的作用。[14]

在企业中，员工之间更强调分工合作而不是亲密友情，空间上的临近也会对他们的日常行为产生重要影响。距离会减少员工之间沟通的机会，而且如前所述，会导致部门之间的互相敌视和影响力的丧失，同时也会造成非正式交流机会的减少。

许多人并不觉得这是一种损失，这种想法大错特错。员工在工作中有机会经常碰头，可以更好地互相提问和分享看法，很多时候解决问题的妙计都是在这种情况下产生的。著名社会科学家比尔·乌奇发现惠普公司有一种做法可以极大地提高员工之间的非正式交流和合作。惠普公司规定员工不得整理桌面，这样做当然不是为了吸引蟑螂，而是要吸引别人的目光。把未做完的工作丢在案头，这样可以有效吸引路过的员工驻足。他们会查看你的任务，寻找兴趣点，然后一起参与你的工作。

通过每天碰头，分享未完成的工作，交流看法，员工很有可能会在正式项目中也一起合作。因此，看似微不足道的每日闲聊最终会促成齐心协力的合作。在解决需要多个部门参与的复杂问题时，这种处理方式会带来很大的好处。由此可见，距离会抹杀员工彼此交流的机会，进而抹杀他们共同参与项目的机会。贝尔实验室曾做过一项调查，研究决定两位科学家能否合作的因素到底是什么。你猜得没错，答案正是他们的办公室之间的距离远近。和办公室相距10米的科学家相比，办公室紧挨着的科学家一起讨论技术问题和合作的概率要高出三倍。如果两人的办公室相距30米远，他们几乎老死不相往来。事实证明，距离的增加会导致合作的可能性迅速下降。[15]

面对空间距离对非正式交流和正式合作的重要影响，聪明的管理者会利用这种手段推动人际互动。他们并不说服大家合作，而是让他们比邻而坐，或是为他们提供共享空间或开放式餐饮区。惠普公司甚至更进一步，管理层规定每天工间休息时员工必须离开工位到公共区，喝点果汁，和同事聊聊手上的工作。

几年下来，这种强迫式碰头会让惠普在零食饮料上花费数万美元，但很多人认为这种非正式聊天和合作以及由此形成的协同效应，带来的价值远远超过这笔投资。显然，空间距离是把双刃剑，处理得不好它会伤害企业的内部沟通，处理得当你就会像惠普那样从中得到收益。

空间管理在社区生活中也能得到应用。例如，尤努斯博士发现，在帮助孟加拉农村的贫困妇女时，空间作用也会发挥重要的影响力。在她们之前的世世代代，农村妇女只能在家的附近活动。在决定为她们提供小额贷款时，尤努斯很快意识到必须把这些妇女汇集到一起，让她们经常碰头，否则他的方案就无法取得成功。实际上，尤努斯开展银行业务改变的不只是顾客的经济状况，他还改变了农村社区的组织形式，让妇女们以小型团队的方式集思广益、安全运作。否则，如果让她们单打独斗，那么只会以失败告终。

我们曾访问过孟加拉一个名叫加吉坡的村子，在这里了解到尤努斯是如何利用空间的影响建立新的社会秩序的。除了帮助改善村民的经济福利，格莱珉银行还要求每个借贷者遵守"16条公约"。我们站在村头小屋后面，看着里面30多位妇女专注地齐声背诵公约，其中有一条是"我保证不送嫁妆，也不收嫁妆"。

不要小看这一条，因为它会对这个小群体的经济条件产生重要影响。根据当地的习俗，女儿出嫁必须向男方陪送嫁妆，很多家庭往往因为嫁妆陷入困境或是由此造成严重的社会问题。为了嫁女儿，农村家庭不得不四处拼凑嫁妆，最后落得家徒四壁、无以为生。生了女儿的家庭，父亲总是长吁短叹，为以后筹措嫁妆的问题发愁。现在，这30位新女性站在一起，大声宣布抵制收送嫁妆的陋习。

后来在和她们聊天时，我们问道："你们当中有多少人去年儿子结婚或女儿出嫁？"五个妇女举起了手。我们又问："有几位收取或陪送了嫁妆？"只见有三只手不好意思地举了起来，但另外两人——迪帕丽和施瑞纳并没有举手。这表明，在孟加拉延续上千年的陋习现在终于开始发生变化了。我们又问这两人究竟是怎样抵制传统的。她们笑了笑，相互看了一眼，然后迪帕丽说："我儿子娶了她们家姑娘。"话音一落，大家马上为她们送上了热烈支持的掌声。

如今，这些女性再也不用躲在自家门后暗自承受命运带来的苦难了。她们每周都要来这里聚会，互相聊天，合伙经营，彼此支持，联名承诺偿还贷款，成了亲密无间的一家人。

在这些勇敢的女性创业者每次相聚和共同摆脱贫困的过程中，影响其行为的因素有很多。她们为彼此提供的社会支持，是帮助对方一次次渡过难关的重要力量。联名承诺偿还贷款是一项非常关键的举措，它能确保每个创业方案都是经过深思熟虑的。通过成立30人的互助组织，她们可以形成具有足够盈利能力，可以吸引银行关注的团体。显然，这样要比单打独斗的成功率高得多。

除此之外，还有一个成功要素。尤努斯及其团队敏锐地意识到，为这些妇女设计一个聚会场所是保证一切取得成功的前提。要做到这一点并不容易，设计一个可以让她们承担得起的聚会场所需要付出很多努力。但是他们做到了，而且这款设计荣获了多项国际大奖。

这就是建筑师利用空间创造的成就，希望我们每个人都更具洞察力并理解它对推动项目成功的价值。

像影响者一样行动

某医院领导对著名设计师设计建造的门诊楼赞不绝口。但是，门诊主任表示楼内洗手台数量太少。有一个解决办法是，在楼内每个门的内外墙壁上安装清洁剂。这个办法是不错，但设计师说会"影响走廊的整体视觉效果"。

经过讨论，管理层认为病菌传播问题要比视觉效果重要得多。显然，他们的决定是正确的。通过改变楼内的物理空间环境，医务人员遵守卫生行为规定的比例达到90%。

简化行为难度

多年来科学界一直存在一个争论，到底人类是不是唯一会使用工具的动物。后来，科学家发现大猩猩会坐在蚁穴旁，拿一根小树枝伸进洞里吸引蚂蚁做食物。据此，他们认为这种和人类具有95%相同DNA的生物也会使用工具。现在我们知道，聪明的动物，包括历史上的智人在内，都会使用工具。原因何在？因为聪明的动物会想办法简化问题。

大约100年前，科学管理之父弗雷德里克·泰勒认为，作为工具使用者的人类应当更明智地使用工具。[16] 在伯利恒钢铁厂进行观察时，他发现员工做任何工作都用同样大小的铁锹。通过测算他发现每一铲的最佳负载量是 21.5 磅，然后据此设计采购了不同尺寸的铁锹，以保证无论铲任何材料，每一铲都能达到标准负载量。经过改进之后，员工铲矿渣和铲雪再也不用用同一把铁锹了。

如今，从事工作效率研究的人越来越多。他们不仅研究最佳实践方案，还研究常见的做法，然后通过认真分析对其进行改善。但不幸的是，这种研究方式在复杂的人类问题中应用的并不多，如安全、生产率、产品上市时间、犯罪率等问题。怀特博士（设计餐厅点菜架的创新者）利用工业设计解决了社会问题，但大多数人都不会想到利用工业设计作为解决人类问题的手段。

影响者则完全不同，他们善于最大限度地利用效率原则。他们不会绞尽脑汁地激励人们不断从事单调乏味、痛苦危险或令人憎恶的活动，而是反其道而行之，想办法改变环境。就像大猩猩会利用树枝满足自己的需求一样，影响者也会通过改变环境让正确行为更容易实施。同时，他们也会利用环境让错误行为更难以生存。

例如，麦地那龙线虫病在印度之所以能够有效得到根除，其中一个主要原因是影响者通过努力，逐步让老百姓摆脱饮用污水的习惯，让饮用清洁水源变得更容易。这就是他们实施的策略。

在印度农村地区，妇女每天要花费几个小时的时间去打水。她们必须拖着沉重的水罐每天在池塘和家中往返，这些时间本可以节省下来做其他工作或是消遣娱乐。这还不算糟糕，更要命的是在她们取水的池塘里有大量水蚤，它们体内充满了麦地那龙线虫的虫卵。

卡特中心的工作人员了解到，当地村民用裙子过滤水源可以减少麦地那龙线虫病的疫情。这里有必要介绍一下此病的控制方法。为了帮助村民更好地过滤水源（很多裙子的布料无法有效过滤水源），卡特中心决定开发一种价格低廉且持久耐用的布料。工作人员意识到，只要能为每个村民提供这种能有效过滤水源的布料，寄生虫的疫情就能被彻底消灭。

美国前总统吉米·卡特是这样描述这种滤布的开发过程的：

> 我去找埃德加·布朗夫曼，他的家族拥有杜邦公司 20% 的股份。我问他能否在五年内捐资 25 万美元，当时这可是一大笔钱。他问我这笔钱做什么用，我说消除麦地那龙线虫病最好的办法是用高密度滤布过滤水源。他问我是不是像餐巾那样的布料，我说是。他又问："那么为什么不直接用餐巾？"我回答道："用餐巾的话，每天经过 8~10 次的加湿和拧干，其在热带地区用不了几周就会烂掉。"他想了想说："这个我们倒是可以帮忙。"

布朗夫曼向杜邦公司董事会进行了通报。他们认识一家瑞士的公司可以生产一种尼龙纤维，这种纤维能保证布料不会在热带地区腐烂。他们带着这种纤维找到一家精纺公司，生产出了所需的布料。然后，杜邦向卡特中心捐赠了 200 万平方码[⊖]滤布。

卡特告诉我们："这就是我们消除麦地那龙线虫病的主要手段。"

专用滤布发给村民之后，过滤水源的工作就变得轻松多了。凭借这一简单的工具，麦地那龙线虫病很快在数百个印度村庄失去了踪影。

在印度，还有一种更好的方法比过滤水源更有效。和干旱的非洲大陆不同，这里的浅层地表含有丰富的洁净地下水。工程师在成百上千的村庄开凿了大量水井。这种方式不但为村民提供了安全的水源，而且避免了人们接触带虫卵污水的可能性。通过这些努力，麦地那龙线虫在印度大陆失去了赖以存活的宿主，很快便开始销声匿迹。

迪兰西公司的不少做法之所以成功，也是因为善于简化正确行为的难度，提高错误行为的难度，特别是在滥用毒品的问题上。你可以想象一下让刚进来的员工度过头几周远离毒品的日子有多难，拒吸海洛因会给人的身心造成极大

⊖ 1 平方码 ≈ 0.836 平方米。

的痛苦，令人简直生不如死。很多已经开始厌恶毒品以及备受毒品摧残的戒毒者，往往会因为无法忍受这种痛苦而再次吸毒。

但是在迪兰西公司，几乎每一个瘾君子都能撑过这段痛苦难熬的日子。为什么会这样？其中部分原因在于环境的改变。在跨入公司大门之前，他们的生活中到处可见吸毒者和买卖毒品的人。现在却完全不同了，宿舍里其他八个人都在戒毒，每层楼 50 多个员工谁也没有毒品，整栋楼 200 多个人全都反对吸毒。要想弄到毒品，你要比以前费上几倍的功夫。之所以能营造出这样的环境，是因为西尔伯特深知简化正确行为的重要意义。

如果你既不是瘾君子，又不用面对寄生虫病，这一简单的原则是否同样适用呢？比如我们的朋友亨利。答案是肯定的，简化正确行为同样可以帮助人们减肥。汪辛克的实验表明，只要让正确饮食选择变得更加容易，错误饮食选择变得更加困难，人人都可以有效控制体重。

例如，汪辛克发现盘子的大小可以影响人们的进食量，较小的盘子让人感觉少吃一点就会饱。要想降低摄入的热量，改变盘子的大小是个不错的办法。他还发现，零食的摆放位置以及包装是否透明会对人们的食用量产生 50% 以上的影响。糖果摆放在案头而不是远处的书架上，会导致食用量增加一倍。显然，这都是环境上的毗邻性在发挥作用。此外，冰柜里带有透明封盖的冰激凌，要比纸盒装的产品更容易刺激人的食欲。

像影响者一样行动

某城市消除涂鸦行动义工小组发现了一个关键行为：所有涂鸦必须在 24 小时之内粉刷掉。这样做会有效打击涂鸦者的行为动力，让他们不愿再乱写乱画。但是，如何说服商店老板和居民做到这一点是个很棘手的问题。

后来他们想到了一个好办法，为这些店主和居民免费发放和他们的外墙颜色吻合的涂料。这样一来，他们就有动力随时消除外墙上的涂鸦了。这种方法非常有效，整个城市的涂鸦现象迅速得到了控制。

健身设备的摆放也大有讲究，毫无疑问，环境因素也会在这个方面发挥作用。把你的健身自行车从电视房搬到地下室，估计以后就想不起来用了。去健身房而不是在自己家里做心血管保健练习，有效锻炼的机会肯定会大打折扣。

因此，要想维持健康的生活方式，你必须关注那些会影响个人行为的环境因素。看看一天中每个小时你要做多少次错误的和正确的饮食选择，想想它们会带来怎样不同的结果。[17] 健身时你要跑到地下室拿设备吗？每次是否都要拆装半天才能开始呢？

你应当关注房间里的环境，看看移动哪些东西可以帮助你推动正确行为并抑制错误行为。你当然可以墨守成规，死守着原来的方式不变，每天靠减肥录像带鼓励自己的信心，或者想办法让正确行为变得更加容易，让错误行为变得更难。一句话，最终还是靠你自己做出决定。

让正确行为变得更简单，这种做法在医疗机构也很常见，如医院在减少药物管理问题上所做的努力。过去医院的药瓶都是棕红色的，外面从来不注明药品名称和说明，和其他同样颜色的药瓶混在一起。更糟糕的是，负责执行医嘱的护士都是两班倒，每天要费上半天功夫琢磨医生在处方上龙飞凤舞的字体。这些情况综合在一起，每年药物问题都会造成数万人死亡。[18]

现在，很多药品公司和医院开始积极采用正确行为了。通过设计不同颜色的药品和粘贴带有明确说明的标签，不少医院显著地减少了药物管理失误问题，有效地避免了因此导致的患者死亡。在这个案例中，简化正确行为的实施难度竟然能如此有效地保证患者的生命，看起来似乎有些不可思议。其实这不难理解，因为在改变人类行为方面大多数人的做法都是本末倒置的。比如，他们控告为患者拿错药的人，而不是帮助后者改变行为。再比如，为了推动他人从事某种行为，我们通常会想到组织培训，但很少逆向思维，想办法让目标任务变得更加轻松简单。

企业也是一样，如今很多公司开始关注怎样让产品采购等正确行为变得更加简单。例如，消费者专家帕可·安德希尔建议把狗饼干从超市货架上方移到低一些的货架上，此举有效地增加了该产品的销售量。安德希尔发现，中青年人要比老年人和孩子更经常购买狗饼干，这个现象激发了他的兴趣。通过秘密拍摄超市宠物区的顾客行为，他很快发现了老年人和孩子采购行为偏低的原因。在一般的超市中，普通狗粮都放置在货架的正常位置上，只有狗饼干被摆放在更高的货架上。[19]

录像显示，孩子和老年人很难拿到高处的狗饼干。在一段录像中，有位老人想用一盒铝箔纸去够高处的狗饼干。在另一段录像中，一个孩子爬上货架去拿狗饼干差点摔下来。把狗饼干在货架上挪低一格，这个小小的举动很快就推动了销售的增长。

不过并不是所有人都会听从这样的建议。比尔·弗里德曼是一位研究环境对人类行为影响力的学者，他的建议就没有得到人们的重视。比尔研究的是赌场环境，在查看几千小时的赌场录像带之后，他发现了一个有趣的事实：酒店越有特色，来这里赌博的人就越少。

拉斯维加斯的酒店一向以巨大的规模和奢华的装饰闻名。天花板越高，门廊越漂亮，酒店的价值就越高。但是，赌博者喜欢的却是地方不大、气氛融洽的消遣场所。想想看，一个人坐在老虎机旁边不停地拉操纵杆是件很无聊的事情。要让生产线上的工人每天重复机械性工作，你要付一大笔钱才行。赌场好玩的地方不在于赌博活动本身，而是在于赌博者之间的互动。因此，只有在旁边人多的时候，赌博活动才更好玩（简化行为难度）。根据这个发现，弗里德曼帮助一些酒店把风格从富丽堂皇变成温馨舒适，这种变化马上刺激了酒店的利润增长。

但是那些大型酒店并不接受他的建议，依旧青睐豪华装修、令人望而生畏的赌场。[20]结果，这些酒店的赌场生意都在赔钱，只能靠娱乐表演、住宿和餐厅服务维持收入。显然，这里应用的原则是完全一样的。只要接受专家的建议，改变环境让赌场更加平易近人（让关键行为变得更简单），你就能实现丰厚的利润。是不是很简单？

使正确行为成为必然

利用环境影响行为的最高境界，是通过改变物质世界的方式完全消除人们的选择。换句话说，让正确的行为变得更容易还不够，你应当使其成为唯一的选择。要做到这一点，必须综合利用结构、过程和程序，在这个方面企业的表现很成功。例如，工人在操作危险机器时很容易把手指切掉，反复提醒无效之后，工程师设计了新的可以完全避免手动操作的机器，从而彻底消除了安全隐患。同样，为了保证安全，飞行员必须严格遵守规定的程序和步骤，在起飞和降落时反复检查飞机的状态。

快餐行业也是这样，以前需要聪明伙计负责或是可能遭到顾客投诉的工作现在都得到了改变。例如，现在在餐厅点餐，员工只需在机器上按下贴有相应图片的按钮即可，为顾客找零也全部由收银机自动完成，这些已经成了常规操作。在点餐和找零方面，新的做法不仅让正确行为变得更简单，甚至可以说几乎不可能出错。

不过对于那些复杂深刻的社会问题，要想通过改变客观环境成功地影响他人就困难多了。幸运的是，这种现象比较容易改变。通常，要让正确行为成为你的唯一选择，只需将其变成每日的习惯即可。在当今凡事都要计划安排的生活中，高度结构化反而会给人们带来混乱，因此我们每天都有开不完的会。可另一方面，当别人对你说"回头再联系"时，你多半不用指望了。由此可见，要保证积极行为的实现，你必须通过特别会议的方式，或是将其加入现有日程作为提醒。

例如，我们曾为某大型国防产品承包商提供咨询服务。这家公司的首席执行官和管理层定期和员工开会了解新创意，这种方式极大地提高了他们的创新步伐。通过定期开会，公司形成了有效鼓励、支持新行为的机制，从而使正确行为成为员工的日常惯例。迪兰西公司也是这样，西尔伯特利用日程化活动把关键行为逐步推进，直到它们变成员工每日的必修课。这些定期活动包括严格定时、所有员工都必须参加的会议，能成功推动员工对正确行为的坚持应用。迪兰西公司把这套活动简称为游戏，虽然并不总是充满乐趣，但必须经常实施。

比如，你是迪兰西公司的员工，你必须和学习班的成员每周三次聚在一起互相"挑错"。一个中立的人确保大家不会拳脚相向，只要做到这点大家就可以充分畅所欲言。在游戏中，大家要学习用平等的方式为对方反馈信息，这就是迪兰西公司希望培养的正确行为——人人敢于指出对方的问题。如果你觉得领班做事不对，可以传纸条请他参加游戏，对方必须参加。在游戏中，你可以当面表达自己的看法。在迪兰西公司除西尔伯特之外，任何人都可以邀请其他人参加游戏。

随着时间的推移，参加游戏的人数会慢慢减少，但游戏的质量会不断提高，员工们变得更善于分享和反馈。唯一不变的是，这一长期坚持的做法有效巩固了正确行为的实施，使其成为员工面对问题时的唯一选择。的确，人人都不愿当面指出他人的问题，当对方令人生畏或高高在上时更是如此。如果顺从内心的倾向，员工们会表现出和普通人一样的行为——面对问题沉默不语（在内心酝酿苦恼）或是暴力相向（谩骂、指责对方）。但西尔伯特通过小小的游戏改变了他们应对问题的方式，并最终将其变成一种固定的模式。在这里，这种游戏每周三次从不落空。

总结：系统能力

本章开篇提到社会学家弗莱德·斯迪利认为大多数人都缺乏环境认知能力，读到这里你可能不以为然，觉得这个结论太草率了。但是读完后面介绍的十几个案例，了解影响者如何利用环境的变化推动行为改变之后，你会意识到我们大多数人的确不善于利用毗邻性原则，不会利用信息和物理空间等要素影响人们的行为方式。

在开发影响力策略时，我们从未考虑过把环境作为首要影响力。实际上，改变环境要比改变人容易得多，而且环境会对人的行为方式产生永久性的影响。我们应该向怀特、斯迪利和汪辛克等影响力大师学习，利用身边的环境为影响力活动提供助力。或许有一天，当你听到身边人说出"毗邻性"这个词的时候，大家不会再纷纷窃笑，而是向对方投去积极肯定的目光。

| 第10章 |

成为影响者

> 曾有活动用我的名字命名奖品——托尼·柯蒂斯周末竞赛奖,但获奖的妇人并不开心,她更想要二等奖——一台新的电炉。
>
> ——托尼·柯蒂斯

我们在本书开篇做了一个大胆的断言,只要能积极正确地利用所有六种影响力策略,你就能改变任何事物。乍一看,这种说法有些荒诞,显然有成千上万的事物是我们根本无法改变的。比如说万有引力,它已经存在了很久,而且似乎根本不会发生变化。实际上,我们要改变的目标是那些在实现重大任务过程中无力影响人类行为的状态。

我们已经通过研究数据和真实案例证明,无论在这个过程中你遇到的阻力有多大,人类行为几乎都是可以得到改变并使结果得到长期维持的。只要你按照本书介绍的三个核心要素去做,就一定会取得成功。

为说明这三个核心要素的应用,我们分享了一套影响力理论。这套理论由阿尔伯特·班杜拉博士最早提出,经过迪兰西公司创始人西尔伯特等影响者的成功应用，帮助了很多罪犯改变了自己的人生。在西尔伯特的不懈努力下，数以千计的犯罪分子和毒贩被转变成奉公守法的公民。令人难以置信的是，世界各地的罪犯改造机构能实现10%的成功改造率就已经非常令人鼓舞了，但是迪兰西公司的成功改造率竟然高达90%！可以说，西尔伯特一生都在坚持实践影响力理论。

我们还介绍了医疗促进学会的影响者唐·贝里克医生。他和他的变革促进团队与长期在医疗机构存在的问题展开了斗争，最终成功实现了每年拯救10万患者生命的伟大目标。他们做到这一点靠的不是医疗进步或政治力量，而是影响力原则的积极应用。他们同样清楚该怎样改变他人。

还有在非洲大陆，消除麦地那龙线虫病的工作也取得了重大成功，全面胜利的时刻即将来临。在这场斗争中，和以前聘请专家培训以及批评当地人的错误做法完全不同，来自卡特中心的专业工作人员和众多当地影响者齐心协力，几乎在全世界范围内很快使这种令人闻之色变的疾病销声匿迹。在他们的努力下，最后的麦地那龙线虫病例不久之后便会在地球上彻底消失，永远不再复发。同样，推动这一伟大成就的并不是医学或技术上的进步，而是那些成功的影响力专家。因为只有他们知道如何利用各种影响力策略在全球范围内帮助数百万人摆脱疫情，改变他们的行为方式。

这样的例子还有很多。在本书第1版发表之后，我们介绍的影响力理论启发了不少读者，促使他们决定利用这一理论积极推动个人目标。实际上，仅仅一周之后我们就接到很多读者的电话，称他们利用这些影响力原则成功改变了自己的人际关系、家庭、工作、企业和社区。

有很多读者的故事都非常令人难忘，通过应用我们的理论，他们把工厂内的事故发生率几乎降低为零。有一位经理兴奋地给我们打电话，说2012年他们公司有12个家庭没有发生死亡事故。虽然不知道具体是哪些家庭，但他知道公司员工的死亡数字已经大大减少了。与此相似的成功案例还有很多，有人致力于降低学生的早退率，有人努力消除医疗机构内部的病菌传染问题，还有人帮助吸毒者戒除恶习。随着越来越多的人学会影响身边的环境，而不是被动地受其控制，他们必将在改变行为方面取得更大的成就。

无论是这些日常的变革促进者，还是经验丰富的影响力大师，他们都揭示了这样一个真理：在影响人类行为方面进步永无止境。只要知道如何利用正确的影响力工具以及精心设计影响力活动，你也能改变一切。

具体怎么做

> 人人都有能力，唯一不同的是我们怎样去使用它。
>
> ——史蒂夫·汪达

在启动影响力活动时，你应当回想一下前面章节中介绍的创造影响力的三大要素。第一步，你要学会关注和衡量，确定真正希望实现的目标。然后设计衡量方式，把注意力固定在这个目标上。你必须时常对行为表现进行衡量，同时确保不仅要衡量正确的行为，而且要保证衡量方式能够影响正确的行为。

这一步看似简单，实际上需要非常认真的分析。例如，我们曾为某制造型企业提供咨询服务，公司管理层希望改善交付产品的质量。为此管理者提出了目标，希望在某个日期之前把相关质量指标提高30个百分点。这个计划听上去很不错。

生产经理说过去他们在质量改善方面都是阳奉阴违，结果想实现改变简直比登天还难。显然，这个问题需要管理层付出极大的关注和努力。这位经理说："我要看到的不只是质量指标的提高，更希望看到工厂的每一名员工都关心质量问题。你想想，要是每个人都主动关心这个问题，我们的质量会取得多大的进步。你根本都不用去费心监督生产，因为员工和上级人人都重视质量。"看，这才是管理层要关注和衡量的新目标。

实际上，不管是什么类型的变革项目，这种抛开表面现象深挖本质需求的问题全都存在。例如，如果和经营健身房的人打过交道，你会很快发现他们很清楚如何了解顾客的真正需求。尽管来健身的人都说是为了减去几磅体重，但经过分析你会发现，他们真正需要的是能量、灵活性、自尊心以及其他和健康生活有关的好处。这些好处只靠改变饮食是无法实现的，必须通过身体锻炼才能实现。曾有个风靡一时的广告说得好，减肥的人真正要关注的是改变带来的好处，而不仅仅是能燃烧多少脂肪。换句话说，在个人保健问题上，如果你关注的不是健身带来的全面意义，结果可能并不是真正理想的。你或许会变瘦，但整个人已经枯槁憔悴、无精打采。因此，在开始变革活动时，你应当花些时间研究真正希望实现的目的是什么。

第二步，发现关键行为。不要在模糊不明的目标上浪费你的影响力（就像飞行员在广播中对乘客说："我有一个好消息和一个坏消息，坏消息是我们迷失方向了，好消息是我们正在加速前进。"）。不要把宝贵的精力投到会把你推向错误方向的影响力策略。与此相反，你应当找出两三种可以迅速推动变革的行为，然后全力推动它们的实现。

怎样才能找到这些具有重要意义的行为呢？其实，它们并不难发现，只是很难被人们坚持采用。你也可以利用关键时刻发现它们的踪影。关键时刻是指人们的选择会对后果造成显著影响的时刻。此外，你还可以向优异表现者学习，观察他们和普通人的行为有何不同，能带来哪些更好的结果。最后，你应当留意那些能破除旧的行为规范、推动你实现变革的行为。

第三步，利用六种影响力来源。这一步是本书重点介绍的内容，你的影响力策略开发也应当把重点放在这个部分。找出对你不利的影响力来源有哪些，然后利用六种影响力来源设计你的影响力策略。在找到最佳影响力组合之前，你可能要进行大量的个人研究，进行多次尝试甚至出现失误。这都不要紧，只要坚持去做就好。每添加一种影响力，你都要观察它是否有效，然后根据情况做出调整。在寻找正确的影响力策略组合时，我们有后面几条建议。

不要指望利用一两招就取得成功

在研究企业管理者推动组织机构变革时，我们曾询问他们推动深远变革的努力是否成功，然后请他们从列表中选出使用过的具体影响方式。这张列表的内容很详尽，包括演讲、培训以及利用意见领袖等。让我们惊讶的是，大多数管理者只使用过其中一两种"招数"。不出我们所料的是，他们的大部分变革尝试最终都是以失败告终的。

在研究这些惊人数据背后的原因时，我们发现很多管理者都是带着暧昧的态度来解决棘手的变革问题的，这种情况非常普遍。这感觉就好像他们在说："这样吧，我们先试试这一招是否管用，然后看看结果再说。"他们似乎不愿意综合利用各种手段解决问题，仿佛这样失败的话会让他们很丢脸。这种心理很容易理解，我先尝试一下第一招，要是不行也不要紧，还有其他招可以选择。不幸的是，仅靠演讲等手段是解决不了问题的，你说得唾沫星子乱飞也改变不了教师过劳、城市犯罪、项目延期等各种问题。可是我们发现，在我们接触过的管理者中很多人都对此不以为然，宁愿在这个问题上"修修补补"，也不愿全面系统地引导变革。

此外，还有一些所谓的影响者在变革活动中似乎并不认真，因为他们真正希望的是为自己的错误寻找借口。例如，一群学生到某工厂参观，碰到一群工人互相指责大骂，对于这种情况，工厂经理的反应非常奇怪。在询问经理对这件事的看法时，他义正词严地回答道："他们怎么能这样做？我可是刚刚张贴过行为通知！"贴过通知就不用再解决问题了，这就是这位经理的想法，显然他是在给自己找借口。

或许，在影响力活动中得过且过这种现象的产生，一部分原因是管理者自欺欺人的心理，但更重要的是考虑经济方面的原因。在变革活动中，管理者会认真选择一两种影响力策略，仅此而已。他们可能也知道要改变整个行为文化需要"一揽子方案"，但出于"少花钱，多办事"的心理，还是决定选择其中几个"招数"来解决问题。

西尔伯特告诉我们，过去30多年她曾花费大量时间为来自世界各地的学习者进行培训，向他们展示把罪犯和吸毒者改造为新人的各种具体方式。她向参观迪兰西公司的访问者透露的秘诀是，充分利用所有推动变革必需的条件。她向他们阐述公司鼓励员工实现的具体行为，然后不厌其烦地强调必须综合利用全部六种影响力才能推动目标的实现。

大多数情况下，这些来访者都是信心满满地离开迪兰西公司的。可是等回去之后情况却发生了变化，他们决定选择一两种方案"经济有效"地解决要面对的问题。显然，单靠那么一两招是不足以改变根深蒂固的错误行为的，这种"选择式改良"肯定会失败。但是直到这时他们仍不明白问题出在哪里，只好自欺欺人地认为西尔伯特的方法太另类，不适合在别的地方应用。

于是，这些管理者继续尝试"自助餐式"问题修补法，在各种解决方案中挑出"顺眼"的几条解决问题。例如，我们在第8章介绍过北卡罗来纳州针对犯罪分子设计的"二次机会"改造策略，了解该方案的推广结果你会发现它的错误应用同样令人惋惜。还记得其中的一个场景吗？毒贩们被带进一个房间，里面挂满了他们实施犯罪行为时的照片。当地区检察官播放他们从事犯罪活动的录像，并要求他们举手认罪时，这些毒贩全都老老实实地照做了。

但是警方并不是只采用恫吓手段令毒贩们认罪，与此同时还通过家人规劝、工作培训机构和其他方式提供必要的支持，以确保激励他们改变错误行为。实际上，"二次机会"项目的设计者正是靠着充分利用所有六种影响力策略才最终实现成功的。

这一成功做法很快被媒体进行了报道，给人们留下了深刻的印象。各地警方开始积极学习，却错误地决定从中选择一两招认为市政府会批准的做法，或是选择那些能够从上面申请到行动经费的做法，抑或他们关注的是那些自己曾经采用过的做法，然后也美其名曰"二次机会"项目。毫无疑问，经过一番折腾，他们的努力没有取得成功。可是他们并没有意识到真正的问题所在，而是迫不及待地扔掉旧方法，换一种新的策略继续尝试，结果肯定还是以失败告终。

不管出于何种原因在变革活动中"修修补补"，这种做法最终都难以逃避一腔努力付之东流的结果。利用个别方式解决重大问题不仅无法创造你希望实现的变革，更糟糕的是，它会让人感觉你根本不会引导变革。从个人角度来说，反复失败会极大地伤害你的自信心。最终，你不再尝试改变世界，转而磨炼自己的圆滑世故。从社会角度来说，反复失败会损害你的信誉，你的各种新主张会被别人视为"嘴上功夫"或"异想天开"之举。如果到了这一步，你提出任何新的想法都会受到讥讽，没人会继续帮你，大家都在等着看笑话。这才是最恐怖的局面，因为你已经什么都无法挽回了。

我们可以换一个更形象的比喻。如果变革活动是一场拔河比赛，绳子一端是六个高大威猛的巨人，另一端是一个个头矮小的小学生，你该怎样帮助这位小学生获胜呢？显然，你唯一的希望是尽量消除来自对面的力量或是增大自己这边的力量，抑或同时做到这两点。简而言之，要成为真正有效的影响者只有唯一的一种方式，即学会利用每一种影响力来源综合推动行为改变，使其成为一种必然而非可有可无的选择。

三思而后行

注意，了解六种影响力模型并不代表你会正确应用它们。如果在实施影响力的过程中遇到障碍，你应当向聪明的影响者学习。你应当三思而后行，其他的做法都是错误的。你应当先找出隐藏在错误行为背后的影响力，然后再设计相应的影响力策略。实际上，大多数管理者都做不到这一点，他们往往不顾具体情况，随便选择一种看起来靠谱的方式解决问题。很多时候他们应用的是刚刚听说或读到的最新解决方案或热门处理方式，而为其提供消息的亲朋好友实际上在这个方面并不比他们知道得更多。

经验丰富的影响者不会这样仓促地做出决定，因为它会造成代价不菲的错误。例如，Fairview大学儿童医院的沃伦·瓦维克医生就是这样，他意识到利用影响力策略要比医嘱规定更有效。尽管瓦维克给患者规定了治疗方案，但对方不去做又有什么用呢？难道要像那位工厂经理一样耸耸肩说："反正我开过药方了？"瓦维克遇到过这样一个病例，患者是一个18岁的女孩，患有肺部囊性纤维化疾病，但不肯按照医嘱进行治疗。面对这种情况，他没有长篇大论地说教，警告她再不治疗几年后会出现窒息，而是先停下来分析对方错误行为背后的原因。瓦维克没有指责对方，而是努力去了解为什么女孩会不顾生命安危选择这样做。通过沟通，他发现患者这样做有几个不同的理由。[1]

首先，这个女孩交了新男友，两人有一半的时间都待在一起。女孩的治疗原来是由母亲在家中负责的，现在因为治疗时间经常不在家所以受到了影响。其次，女孩找到一份工作，每天晚上上班。她所在的学校改变了规定，要求每天让一位护士为其服药。女孩觉得很麻烦，所以停止继续服药。最糟糕的是，尽管过去两个月已经丧失了20%的肺功能，女孩还自我感觉良好，觉得不用吃药也没问题。随着和患者沟通得越来越深入，瓦维克发现错误行为背后隐藏的原因也越来越多。了解了要消除哪些负面影响力之后，他才能针对患者的具体情况设计出有效的解决方案。

百尺竿头更进一步

> 每个天才会意识到，要取得任何成就都必须经历困难。但他们坚信，只要付出坚持和耐心，最终就一定能有所收获。
>
> ——埃里克·霍弗

你应当观察当前的环境（包括要面对的问题以及已经付出的努力），尽管重大的行为改变需要利用重大的策略加以解决，但是清楚自己离目标实现还有多远同样十分重要。有时候，你已经做出了各种努力，只需再多应用一种影响力就能实现变革。或许利用几种影响力足以支持你要推动的关键行为，只需再稍加努力就能实现变革。这就好比一场马拉松赛，如果在终点就在眼前的时候放弃，岂不令人遗憾？

比如，当意识到针对性强化训练可以帮助孩子养成阅读习惯时，你应当利用这一影响力在这个问题上取得进步；当发现员工经过培训回到工作岗位无法应用所学技能时，你应当利用社会影响力和系统影响力强化对行为的引导；当察觉到空间环境的负面作用时，你应当把地下室的自行车搬到卧室里，这样才能成功改变错误行为。

无论是哪种情况，千万不要对六种影响力感到畏惧。实际上，你可能已经成功应用了其中几种影响力，现在要做的不过是多尝试一种方案作为实验。如果你实在无法或是不愿全部利用它们，可以先从中选择在当前情况下最适用、效果最明显和操作最简单的策略，然后在此基础上慢慢扩展。注意，不要指望一开始就能找到六种影响力的最佳组合方案，你应当学会在尝试过程中不断总结经验。先将其投入应用，然后观察影响，总结经验，做出调整，最后重复实施直到取得成功。

众人拾柴火焰高

影响者不但善于综合利用各种影响力达到目标，而且深知人多力量大的道理。通常情况下，越大的变革活动就越需要众多影响者的齐心协力。随着越来越多的人向班杜拉、西尔伯特、史威、霍普金斯、贝里克等影响力大师学习如何解决各种问题，成功影响者的圈子每天都在不断壮大和发展。

你也应当加入其中，与身边的朋友、同事和专家一起努力。通过合作利用各种可能的影响力工具解决问题，你会发现集体汇聚而成的力量远远大于集体中每一个个体的影响力之和。你可以访问我们的网站 influencerbook.com，里面有我们设计的工作表，它可以帮助你更好地准备和组织新的影响力活动。在这个网站中，你还可以看到我们对书中介绍的几位影响者的采访视频。

最后，如果你希望对当前的影响力水平进行衡量，我们在网站中提供了自测工具。它不仅能帮助你了解自己具备的影响力手段，而且能指导你开发新的技能，使你成为真正的影响力大师。

接下来就要看你的行动了。记住我们的建议：确定你的真正目标和衡量目标的方法，找到推动你实现目标的关键行为，然后综合利用六种影响力来源消除阻力，激励正确行为。在采用每一种影响力策略时，注意分析结果；了解哪些做法有用，哪些没用，然后做出相应的调整。只要学会关注正确的目标，采用正确的行为，熟练应用六种影响力为你服务，你也能成为真正的影响者。

作者简介

本书作者组成的团队曾出版过四本《纽约时报》畅销书，即《关键对话》《关键冲突》《影响力大师》和《关键改变》。同时，他们也是企业培训和组织表现领域的创新企业 Crucial Learning 公司的联合创始人。

约瑟夫·格雷尼（Joseph Grenny）是一位知名主题演讲家，也是在企业变革研究领域从业 30 多年的资深顾问。此外，他还是非营利组织 Unitus 的共同创始人，该组织致力于帮助世界贫困人口实现经济自立的目标。

科里·帕特森（Kerry Patterson）著有三部获奖培训作品，曾负责过多个长期行为变化调查研究项目。2004 年，科里获得杨百翰大学马里奥特管理学院迪尔奖，以表彰他在组织行为领域的杰出贡献。科里在斯坦福大学从事组织行为方面的博士研究工作。

戴维·马克斯菲尔德（David Maxfield）是一位优秀的研究学者、顾问和演讲家。他领导的研究项目主要涉及医疗疏忽、安全风险和项目实施领域人类行为的影响。戴维在斯坦福大学获得了心理学博士学位。

罗恩·麦克米兰（Ron McMillan）是一位广受好评的演讲家兼企业咨询顾问。他是柯维领导力研究中心的创立者之一，曾担任该中心的研发部副总裁。罗恩与《财富》500强企业中的不少领导合作过，其中既包括一线经理，也包括高级总裁。

艾尔·史威茨勒（Al Switzler）是一位著名咨询顾问兼演讲家，为《财富》500强中数十家企业提供过服务，主要从事培训和管理指导工作。艾尔是密歇根大学行政开发中心讲师。

Crucial Learning公司简介

Crucial Learning 通过传授技巧帮助人们提升自己，进而改善世界。我们将社会科学研究与创新性的教学设计相结合，以优秀的学习体验来帮助学员解决人生中最顽固的个人、人际关系和组织问题。我们的课程涉及沟通、绩效表现和领导力，专注于对结果产生重要影响的行为，我们将这些行为称作关键技能。我们屡次获奖的明星课程和配套的畅销书包括《关键对话》《关键责任》《影响力大师》《习惯的力量》和《搞定》。这些课程与书籍帮助数百万人改善了人际关系和结果。《福布斯》"全球企业 2000 强"中有近一半的企业善用这些关键技能来改善组织氛围与效能。

www.CrucialLearning.com

参考文献

第 1 章 领导力即影响力

1. Danny Meyer: Personal interview with the authors, 2011. Any reference to Danny Meyer or his restaurants is drawn from this interview unless otherwise cited.
2. Rich Sheridan: Personal interview with the authors, 2011. Any reference to Rich Sheridan or Menlo Innovations is drawn from this interview unless otherwise cited.
3. Personal change: Change Anything Labs, Influencing Behavior Change survey (October 2007).
4. Recidivism: Patrick Langan and David Levin, "Recidivism of Prisoners Released in 1994," *Bureau of Justice Statistics Special Report* (Washington, DC: Department of Justice, Office of Justice Programs, June 2002).

第 2 章 实现影响力的三个核心要素

1. Guinea worm: Donald Hopkins, personal interview with the authors, May 3, 2006. Any reference to Dr. Donald Hopkins, Guinea worm disease eradication, or the Carter Center is drawn from this interview unless otherwise cited.
2. Medical deaths: Don Berwick, personal interview with the authors, 2006. Any reference throughout the book to Don Berwick or his work is taken from this interview unless otherwise cited. Information is taken from a report by the National Academy of Sciences: Linda Kohn et al., *To Err Is Human: Building a Safer Health System* (Washington, DC: National Academies Press, 1999).
3. Fundación Paraguaya: Martin Burt, personal interview with the authors, 2011. Any reference to Martin Burt or Fundación Paraguaya is drawn from this interview unless otherwise cited.

4. Soviet Union: Marshall Goldman, *U.S.S.R. in Crisis: The Failure of an Economic System* (New York: Norton, 1983), p. 32.
5. U.S. Army sexual assault statistics: Lt. General Tom Bostick, personal interview with the authors, 2012. Information is taken from *Fiscal Year 2011 Annual Report on Sexual Assault in the Military* (Washington, DC: Department of Defense, 2012).
6. YMCA pools: Kevin Trapani of Redwoods Insurance Group, personal interview with the authors, October 2006.
7. KIPP Schools: David Levin and Mike Feinberg, personal interview with the authors, 2006. Information is taken from the *KIPP College Completion Report 2011* found at http://www.kipp.org/files/dmfile/ExecutiveSummary.pdf.

第 3 章　发现关键行为

1. King's birthday present: Praphan Phanunphack, interview with authors, 2006. Dr. Phanumphack is the director of the Red Cross AIDS Research Center in Thailand.
2. AIDS statistics: Anupong Chitwarakorn and Jai P. Narain, eds., "HIV/AIDS and Sexually Transmitted Infections in Thailand: Lessons Learned and Future Challenges," *AIDS in Asia: The Challenge Continues* (New Delhi, India: Sage Publications, 2004).
3. Five million cases: Reported by Prime Minister Shinawatra in his opening speech at the 15th International AIDS Conference, Bangkok, Thailand, July 11, 2004.
4. Wiwat Rojanapithayakorn: Personal interview with the authors, 2006. Any reference to Dr. Wiwat or the 100% Condom Campaign in Thailand is drawn from this interview unless otherwise cited.
5. Number of sex workers: K. Archavanitkul, "What Is the Number of Child Prostitutes in Thailand?" *Warasan Prachakon Lae Sangkhom*, 7 (1999): 1–9.
6. Mimi Silbert: Personal interview with the authors, 2005. Any reference to Mimi Silbert or the Delancey Foundation is drawn from this interview unless otherwise cited.
7. Delancey statistics: Ibid. Further discussion can be found at http://www.delanceystreetfoundation.org/accomplish.php.
8. Anonymous attendee of Delancey Street. Personal interview with the authors, 2005.
9. Relationship failure: Howard J. Markman, Scott M. Stanley, and Susan L. Blumberg, *Fighting for Your Marriage* (San Francisco: Jossey-Bass, 2001), p. 18.

10. Divorce prediction: Howard Markman, personal interview with the authors, 2006. Any reference throughout the book to Howard Markman and his work is drawn from this interview unless otherwise cited.
11. Relaxation training with alcoholics: Albert Bandura, personal interview with the authors, 2006. Any reference throughout the book to Albert Bandura and his work is drawn from this interview unless otherwise cited.
12. Success during first year in college: University's personal interview with the authors, 2010.
13. Spectrum Health Grand Rapids statistics: These results can be found in the VitalSmarts case study documenting the research conducted by Spectrum Health. The case study can be found here: http://www.vitalsmarts.com/casestudies/spectrum-health/.
14. Ethna Reid: Personal interview with the authors, 2006. Any reference throughout the book to Ethna Reid or her work is taken from this interview unless otherwise cited.

第 4 章　帮助人们喜欢讨厌的事物：个人动力

1. Terri: Mimi Silbert, personal interview with the authors. Dr. Silbert told many stories of individuals who go through experiences similar to that of the fictionalized story of Terri.
2. Fundamental attribution error: Lee Ross, "The Intuitive Psychologist and His Shortcomings: Distortions in the Attribution Process," *Advances in Experimental Social Psychology Education* (New York: Leonard Berkowitz Academic Press, 1977).
3. Therapy length: William R. Miller and Stephen Rollnick, *Motivational Interviewing* (New York: Guilford Press, 2002), p. 5.
4. Therapy type: Ibid., pp. 6, 7.
5. Motivational interviewing results: Ibid., pp. 220, 226.
6. Ginger L. Graham, "If You Want Honesty, Break Some Rules," *Harvard Business Review,* April 2002, pp. 42–47.
7. Daniel Gilbert, *Stumbling on Happiness* (New York: Knopf, 2006).
8. Snake phobics: Taken from interview previously referenced. For further information, see Albert Bandura, N. Adams, and J. Beyer, "Cognitive Process Mediating Behavioral Change," *Cognitive Therapy and Research,* 1 (1977): 287–310.
9. To learn more about Josie's story, see www.josieking.org.
10. *Twende na Wakati* (story of Mkwaju): Arvind Singhal, personal

interview with the authors, 2006. Any reference throughout the book to Arvind Singhal or his work is taken from this interview unless otherwise cited.
11. Results of *Twende na Wakati*: Arvind Singhal and Everett M. Rogers, *Entertainment Education: A Communication Strategy for Social Change* (Mahwah, New Jersey: Lawrence Erlbaum, 1999), pp. 152–171, 131–134.
12. "Maude's Dilemma": Ibid., pp. 16, 17.
13. Mihaly Csikszentmihalyi, *Flow: The Psychology of Optimal Experience* (New York: Harper & Row, 1990), p. 51.

第 5 章　帮助人们做到无法做到之事：个人能力

1. Lack of training transfer: Mary Broad and John Newstrom, *The Transfer of Training: Action-Packed Strategies to Ensure High Payoff from Training Investments* (Reading, Massachusetts: Addison-Wesley, 1992), p. 7.
2. Mindset: Carol S. Dweck, *Mindset: The New Psychology of Success* (New York: Random House, 2006).
3. Marshmallow studies: W. Mischel, Y. Shoda, and P. Peake, "The Nature of Adolescent Competencies Predicted by Preschool Delay of Gratification," *Journal of Personality and Social Psychology*, 54 (1988): 687–696. See also Y. Shoda, W. Mischel, and P. Peake, "Predicting Adolescent Cognitive and Self-Regulatory Competencies from Preschool Delay of Gratification: Identifying Diagnostic Conditions," *Developmental Psychology*, 26 (1990): 978–986.
4. SAT scores: Daniel Goleman, *Emotional Intelligence: Why It Can Matter More than IQ* (New York: Bantam, 1995), p. 82.
5. S. S. Feldman and D. A. Weinberger, "Self-Restraint as a Mediator of Family Influences on Boys' Delinquent Behavior: A Longitudinal Study," *Child Development*, 65 (1994): 195–211.
6. Mischel and Bandura: A. Bandura and W. Mischel, "Modification of Self-Imposed Delay of Reward Through Exposure to Live and Symbolic Models," *Journal of Personality and Social Psychology*, 2 (1965): 698–705.
7. Deliberate practice: K. A. Ericsson, R. Th. Krampe, and C. Tesch-Römer, "The Role of Deliberate Practice in the Acquisition of Expert Performance," *Psychological Review*, 100 (1993): 363–406.
8. Thailand condom use: W. Rojanapithayakorn and R. Hanenberg, "The 100% Condom Programme in Thailand," *AIDS*, 10 (1996):

1–7.

9. Skill development: K. A. Ericsson and A. C. Lehmann, "Expert and Exceptional Performance: Evidence on Maximal Adaptations on Task Constraints," *Annual Review of Psychology*, 47 (1996): 273–305.

10. Ten years: Benjamin Bloom, ed., *Developing Talent in Young People* (New York: Ballantine, 1985).

11. Correlation between time and skill level: Karl Anders Ericsson et al., eds., *The Cambridge Handbook of Expertise and Expert Performance* (New York: Cambridge University Press, 2006).

12. Roger Bacon: In Ericsson et al., eds., *The Cambridge Handbook*.

13. Olympic swimming: We compared Johnny Weissmuller's Olympic record times to times of current high school swimming champions.

14. Deliberate practice techniques: Ericsson et al., eds., *The Cambridge Handbook*, p. 699.

15. Deliberate practice and feedback: Ibid., p. 532.

16. Natalie Coughlin: M. Grudowski, "The Girl Next Door Is Hungry," *Men's Journal*, 12 (2003): 72–73.

17. Pills: Albert Bandura, personal interview with the authors, September 7, 2005.

18. Free throws: T. J. Cleary and B. J. Zimmerman, "Self-Regulation Differences During Athletic Practice by Experts, Non-Experts, and Novices," *Journal of Applied Sport Psychology*, 13 (2001): 185–206.

19. Dating skills: S. L. Foster et al., "Teaching Social Skills to Shy Single Men," *The Family Journal*, 5 (1997): 37–48.

20. Hot and cool systems: J. Metcalf and W. Mischel, "A Hot/Cool System Analysis of Delay of Gratification," *Psychological Review*, 106 (1999): 3–19.

21. W. Mischel, "Toward an Integrative Model for CBT: Encompassing Behavior, Cognition, Affect, and Process," *Behavior Therapy*, 35 (2004): 185–203.

22. Children and delay of gratification: H. Mischel and W. Mischel, "The Development of Children's Knowledge of Self-Control Strategies," *Child Development*, 54 (1983): 603–619.

23. Expectation and delay of gratification: W. Mischel and E. Staub, "Effects of Expectancy on Working and Waiting for Larger Rewards," *Journal of Personality and Social Psychology*, 2 (1965): 625–633.

24. Distraction and delay of gratification: W. Mischel and E. Ebbesen, "Attention in Delay of Gratification," *Journal of Personality and Social Psychology*, 16 (1970): 329–337.

25. Teaching skill of delay of gratification: A. Bandura and W. Mischel, "Modification of Self-Imposed Delay of Reward Through Exposure to Live and Symbolic Models," *Journal of Personality and Social Psychology*, 2 (1965): 698–705.

26. Focus and delay of gratification: Mischel and Ebbesen, "Attention in Delay of Gratification."

27. Willpower and delay of gratification: P. Peake, M. Hebl, and W. Mischel, "Strategic Attention Deployment in Waiting and Working Situations," *Developmental Psychology*, 38 (2002): 313–326.

28. Cognitive reappraisal: J. J. Gross, "Emotion Regulation in Adulthood: Timing Is Everything," *Current Directions in Psychological Science*, 10 (2001): 214–219.

29. Handwashing: Jeffrey Schwartz, *Brainlock* (New York: HarperCollins, 1996), p. 212.

第 6 章　提供鼓励：社会动力

1. Milgram obedience studies: Stanley Milgram, "Behavioral Study of Obedience," *Journal of Abnormal and Social Psychology*, 67 (1963): 371–378.

2. Phil Zimbardo discusses Milgram's experiments on the website http:// thesituationist.wordpress.com/2007/02/16/when-good-people-do-evil-%E2%80%93 -part-i/.

3. Obedience study with confederate: Stanley Milgram, *Obedience to Authority: An Experimental View* (New York: Harper & Row, 1974).

4. Everett Rogers and diffusion of innovations: Everett Rogers, *Diffusion of Innovations*, 3rd ed. (New York: Free Press, 1983), pp. 15, 32–34, 54–56, 247, 258, 266, 271. The story about the "Guy in the Bermudas" was told by Rogers in a lecture at Stanford University in the fall of 1982.

5. Limey story: Don Berwick, "Disseminating Innovations in Health Care," *JAMA* (2003): 1969–1975.

6. *Tinka, Tinka Suhk*: Arvind Singhal and Everett M. Rogers, *Entertainment Education: A Communication Strategy for Social Change* (Mahwah, New Jersey: Lawrence Erlbaum Associates, 1999), pp. 1, 58, 137, 176.

7. Silence Fails study: For more information, see VitalSmarts/Concourse Group, http://silencefails.com.

8. *Tinka, Tinka Sukh*: Arvind Singhal, personal interview with the authors, 2006.

第 7 章　提供支持：社会能力

1. Tanika's story: A story told to one of the authors as a microcredit industry leader.
2. Muhammad Yunus and the Grameen Bank: Muhammad Yunus, *Banker to the Poor* (Dhaka, Bangladesh: University Press, 1998), p. 12.
3. Borrower stats: Grameen Bank at a Glance: http://www.grameen-foundation.org/what-we-do/microfinance-basics.
4. Statement of Professor Muhammad Yunus at the ITU World Information Society Award Ceremony, May 17, 2006. Accessible at http://www.itu.int/wisd/ 2006/award/statements/yunus.html.
5. Friends: John Lennon and Paul McCartney, "With a Little Help from My Friends," *Sgt. Pepper's Lonely Hearts Club Band*, 1967.
6. Weight of ox: James Surowiecki, *The Wisdom of Crowds* (New York: Doubleday, 2004), p. xiii.
7. Soul City: Garth Japhet, personal interview with the authors, 2006.
8. Network quotient: Don Cohen and Laurence Prusak, *In Good Company: How Social Capital Makes Organizations Work* (Boston, Massachusetts: Harvard Business School Press, 2001).
9. Physicians: Atul Gawanda, *Complications: A Surgeon's Notes on an Imperfect Science* (New York: Picador, 2002), pp. 11–24.
10. Tragedy of the commons: William Forester Lloyd, *Two Lectures on the Checks to Population* (Oxford, England: Oxford University Press, 1833).
11. HIV/AIDS in Thailand: Wiwat Rojanapithayakorn, "100% Condom Use Programme," manuscript presented in Provo, Utah, 2006.
12. Five million saved: As reported in the Centers for Disease Control and Prevention's Thailand fact sheet: www.cdc.gov/globalhealth/FETP/pdf/Thailand_factsheet.pdf.

第 8 章　经济刺激：系统动力

1. Rewarding children: M. R. Lepper, D. Greene, and R. E. Nisbett, "Undermining Children's Intrinsic Motivation with Extrinsic Reward: A Test of the 'Over-Justification' Hypothesis," *Journal of*

Personality and Social Psychology, 28 (1973): 129–137.

2. Soviet Union: Marshall Goldman, *U.S.S.R. in Crisis: The Failure of an Economic System* (New York: Norton, 1983), p. 32.

3. Privileges and alcohol: Stanton Peele, *7 Tools to Beat Addiction* (New York: Three Rivers Press, 2004), p. 95.

4. Cocaine and vouchers: Ibid., p. 96.

5. Frequent-flier mileage: "Frequent Flyer Miles: In Terminal Decline?" *Economist*, January 6, 2006.

6. Teen suicide: Karen M. Simon, personal communication with the authors, 1976.

7. Colored stars as rewards: http://www.grameen-info.org/index php?option=com_content&task=view&id=26&Itemid=175.

8. Hand hygiene: Stephen Dubnar and Steven Levitt, "Selling Soap," *New York Times*, September 24, 2006.

9. Employee polls: Employee poll taken from 20 years of polling done at VitalSmarts.

10. Tea leaf consumption: Masaaki Imai, *Kaizen* (New York: McGraw-Hill, 1986), p. 20.

11. Soldiers in Vietnam: Steven Kerr, "On the Folly of Rewarding A, While Hoping for B," *Academy of Management Executive*, 9 (1995): 7–14.

12. Learned helplessness: Martin Seligman, Christopher Peterson, and Steven Maier, *Learned Helplessness: A Theory for the Age of Personal Control* (New York: Oxford University Press, 1993).

13. Crime prevention program: Mark Shoofs, "Novel Police Tactic Puts Drug Markets Out of Business," *Wall Street Journal*, September 27, 2006.

14. Russian oil: Jerome Dumetz, personal communication with the authors, 2006. Jerome is a consultant to many Russian oil firms.

15. Ethiopia: Negussie Teffera, personal interview with the authors, 2006.

第 9 章 环境刺激：系统能力

1. Order spindle: W. F. Whyte, *Human Relations in the Restaurant Industry* (New York: McGraw-Hill, 1948).

2. Environmentally incompetent: Fred Steele, *Physical Settings and Organization Development* (Reading, Massachusettts: Addison-Wesley, 1973), pp. 11, 113.

3. Hitler's hallway: Albert Speer, *Inside the Third Reich* (New York: Macmillan, 1970).

4. Broken windows: George Kelling and Catherine Coles, *Fixing Broken Windows: Restoring Order and Reducing Crime in Our Communities* (New York: Simon & Schuster, 1996), p. 152.

5. Food studies: Brian Wansink, *Mindless Eating: Why We Eat More Than We Think* (New York: Bantam Books, 2006).

6. Fill-to-here line: Fred Luthans, *Organizational Behavior* (New York: McGraw-Hill, 1981.)

7. A. M. Dickinson, "The Historical Roots of Organizational Behavior Management in the Private Sector: The 1950s–1980s," *Journal of Organizational Behavior Management,* 20 (2000): 9–58.

8. Latex gloves: Occurred on a consulting project of the authors.

9. Starbucks cards and screen saver: Stephen J. Dubner and Steven Levitt, "Selling Soap," *New York Times,* September 24, 2006.

10. Representative heuristic: For reading on the topic, see A. Tversky and D. Kahneman, "Judgment Under Uncertainty: Heuristics and Biases," *Science,* 185 (1974): 1124–1130.

11. Jimmy Carter, personal interview with the authors, 2007.

12. Effects of space and propinquity: L. Festinger, S. Schachter, and K. Back, *Social Pressure in Informal Groups* (Stanford, California: Stanford University Press, 1950), Chapter 4.

13. Dining room table: This phenomenon is discussed in "Dining Room Table Losing Central Status in Families," *USA Today,* December 18, 2005.

14. Desk proximity: Robert Kraut and Carmen Egido, and Jolene Galegher, *Patterns of Contact and Communication in Scientific Research Collaboration* (New York: ACM Press, 1988).

15. Hewlett-Packard daily break: Personal communication with Ray Price, 1980.

16. Frederick Taylor: Robert Kanigel, *The One Best Way: Frederick Winslow Taylor and the Enigma of Efficiency* (New York: Viking, 1997).

17. Food container: Wansink, *Mindless Eating.*

18. Medication bottles: Adrienne Berman, "Reducing Medication Errors Through Naming, Labeling, and Packaging," *Journal of Medical Systems,* 28 (2004): 9–29.

19. Dog food: Paco Underhill, *Why We Buy: The Science of Shopping* (New York: Simon & Schuster, 1999), Chapter 1.

20. Casinos: Bill Friedman, *Designing Casinos to Dominate the*

Competition: The Friedman International Standards of Casino Design (Reno, Nevada: Institute for the Study of Gambling and Commercial Gaming College of Business Administration, 2000).

第10章 成为影响者

1. Cystic fibrosis: Atul Gawande, "The Bell Curve," *New Yorker*, December 6, 2004.

VitalSmarts 公司简介

作为一家企业培训和组织表现力领域的创新企业，VitalSmarts 公司的宗旨是帮助团队和企业组织实现它们最为关注的目标。公司利用其获奖培训产品和长达 30 年之久的调查研究结果，成功为《财富》500 强中的 300 多家企业提供过服务，以久经验证的方式帮助它们实现重要的企业变革，为它们带来快速、可持续和可衡量的行为表现提升。VitalSmarts 公司曾两次被《公司》杂志评选为美国成长速度最快的企业，迄今为止已在全球培训过 75 万人。

VitalSmarts 可提供多种培训服务，其中包括作者四本畅销书的配套课程。每一种服务课程都注重高效技巧和实用策略，能有效地改善企业表现。VitalSmarts 公司作者已出版四本《纽约时报》畅销书，分别是《关键对话》《关键冲突》《影响力大师》《关键改变》。此外，公司还提供现场咨询、调查研究、管理团队开发和演讲等服务。

www.vitalsmarts.com/global

VitalSmarts® | KeyLogic

主题培训课程

本书及其系列丛书已通过美国VitalSmarts公司研发成相应的主题培训,在全球范围内广为实践,影响了超过300万人的一生。

《关键对话》® 培训课程:应对高风险及敏感话题的对话圣经

书籍《关键对话》®的对应培训课程,帮助人们在复杂的沟通情境下就任何话题畅所欲言,增进彼此关系并建立信任,快速达成对话的共同目标。

《关键责任》® 培训课程:塑造高效执行力,将承诺转变为结果

书籍《关键冲突》®的对应培训课程,提升个人对工作及承诺的责任心与执行力,将承诺落实到行为,达成预期的结果。

《影响者》® 培训课程:引领变革的最佳科学实践

书籍《影响力大师》®的对应培训课程,在商业组织中帮助团队及个人改变根深蒂固的惯性行为,推动变革落地及文化转型。在生活中帮助个人及家庭摒弃一如既往的恶习,达到有效及永久的改变结果。

凯洛格咨询集团是经美国VitalSmarts公司授权,在中国大陆区的唯一战略合作伙伴,并享有对上述书籍相关培训课程在中国大陆区的独家销售权利。

详情请登陆凯洛格咨询集团官方网站:www.hckeylogic.com

电话垂询:010— 56751688

与我们携手一起开启您的改变之旅!